FRANZÖSISCHE BULLDOGGE ERZIEHUNG UND TRAINING

Das geniale Hundebuch
- Alles über Welpenerziehung,
Ernährung, Pflege,
Hundesprache uvm.
- inkl. Clickertraining und Hundespiele

Felix Lorenz

Originale Erstauflage

Softcover: 978-3-96967-083-5

Redaktion: Finn Alexander Dubbels

Lektorat: Matthias Kramer

Druck/Auslieferung: WirmachenDruck

Cover: sergiovegafotografo - shutterstock.com

Impressum:

Eulogia Verlags GmbH

Nagelsweg 22a

20097 Hamburg

Deutschland

Wir wünschen viel Vergnügen beim Lesen!

FRANZÖSISCHE BULLDOGGE ERZIEHUNG UND TRAINING

INHALTSVERZEICHNIS

Vorwort

Die französische Bulldogge hat während ihres Zusammenlebens mit Menschen eine enorme Wandlung erfahren. Vom Arbeitshund als Rattenbeißer ist es dieser Hunderasse gelungen, die Wohnzimmer und die Menschen mit Charme und Charakter zu erobern. Heute gehören die süßen Knutschkugeln zu der beliebtesten Hunderasse in Europa. Verspielt und kuschelbedürftig wirken die kleinen Hunde mit den großen Ohren und Augen sehr drollig. Dabei sind sie die idealen Begleithunde, die sowohl in der Stadt als auch auf dem Land problemlos gehalten werden können – solange ihr Bedürfnis nach viel Bewegung gestillt wird.

Damit die französische Bulldogge für das Leben in der Familie richtig fit ist, muss sie trotz ihres gutmütigen und lustigen Charakters gut erzogen werden. Intelligent und ausgestattet mit einem großen Willen, den anderen Rudelmitgliedern zu gefallen, stellt die Erziehung kein Problem dar. Jedenfalls nicht, solange der individuelle Charakter jedes einzelnen Hundes beachtet wird. Neugierig und mit einer guten Beziehung zu den Menschen, lernt die französische Bulldogge gerne und schnell. Sieht der Hund in dem Training keinen Sinn, kann er ganz schön stur reagieren. Da braucht es einiger Mühe, die französische Bulldogge wieder für Übungen zu begeistern. Wenn sie der Meinung ist, da mache ich nicht mit, dann muss man dem Bully schon etwas Besonderes bieten, um ihn zu motivieren. Der charaktervolle Hund ist zwar pflegeleicht und gelehrig, setzt aber bei mangelnder Konsequenz auch schnell seinen Kopf durch und schwingt sich zu einem kleinen

Familientyrannen auf. Begeistert man die französische Bulldogge beim Training mit Leckerchen und Streicheleinheiten, ist sie mit Herz und Seele dabei.

In diesem Buch erhalten Sie Informationen und Tipps, wie Sie das Leben der französischen Bulldogge tiergerecht und glücklich gestalten können. Mit der richtigen Erziehung haben Sie dann viele Jahre einen treuen und charmanten Begleiter an Ihrer Seite, der auch für den richtigen Pep im Familienleben sorgt.

Ich wünsche Ihnen viel Spaß beim Lesen des Buches und beim Ausprobieren des Trainings gemeinsam mit Ihrem Hund. Nutzen Sie die Übungen, um die bestehende Bindung zu Ihrem Hund noch weiter zu vertiefen und zu verstärken. Sie haben sich entschlossen, zum ersten Mal eine französische Bulldogge in Ihrem Leben aufzunehmen? Auch dann ist dieses Buch genau das Richtige für Sie. Erfahren Sie mehr über die Geschichte, den Charakter der intelligenten Hunderasse und über alle Dinge, die der Bully für ein langes, tiergerechtes und glückliches Hundeleben benötigt. Bewegung, Pflege, tiergerechte Ernährung, Krankheiten und charakterliche Besonderheiten der liebenswerten Hunderasse: Jedes Kapitel wird in diesem Buch ausführlich behandelt und muss nur mehr durch eigene Erfahrungen mit dem drolligen Bully ergänzt werden.

Merkmale und Historie der französischen Bulldogge

Die französische Bulldogge ist eine vom internationalen Kynologenverband FCI anerkannte Hunderasse, die heute vor allem als Familienhund Verwendung findet.

Steckbrief

- Ursprungsland: Frankreich
- Gewicht: 8 bis 14 Kilogramm
- Größe: 24 bis 35 Zentimeter Widerristhöhe
- Lebenserwartung: bis zwölf Jahre
- Fell: kurz, glänzend
- Charakter: intelligent, freundlich

Rassestandards

Die französische Bulldogge besitzt einen drahtigen und muskulösen Körper. Der Kopf ist breit bis eckig und zeigt einen deutlichen Nasenstopp. Der Fang ist kurz ausgebildet und geht in eine besonders kräftige Wangenmuskulatur über. Da die obere schwarze Lefze die untere bedeckt, sind die Zunge und die Zähne nicht sichtbar. Der breite Unterkiefer ist länger als der Oberkiefer. Es ist ein deutlicher Vorbiss sichtbar. Die langen Fledermausohren, die relativ weit von den Augen entfernt sind, sind breit am Schädel angesetzt. Die Spitze der Ohren ist abgerungen. Von vorne ist die Innenseite der Ohrmuschel deutlich zu sehen.

Der Hals ist kurz und kräftig ausgebildet. Die starken Muskeln gehen direkt in einen kurzen Rücken über. Der Rücken ist leicht aufgezogen und wird auch als Karpfenrücken bezeichnet. An den Schultern breit ausgebildet, fällt die Rückenmuskulatur zuerst leicht ab und wird erst im Bereich der Lenden wieder nach oben gezogen. Die Beine sind kurz und stark bemuskelt. Die Hinterbeine sind länger ausgebildet als die vorderen Extremitäten. Die kurze Rute ist tief und dick angesetzt und verjüngt sich zum Ende hin. Sie wird gerade getragen. Bei einigen Bullys sind Korkenzieherruten oder Knickruten ausgebildet.

Aufgrund der kurz ausgebildeten Nase gehört die französische Bulldogge zu den brachyzephalen Hunderassen. Bei einer nicht mehr vorhandenen oder sehr stark verkürzten Nase liegt eine Qualzucht vor, da diese Hunde unter hochgradigen Atemproblemen leiden.

Das Fell

Das Fell der französischen Bulldogge ist kurz und glänzend. Da es eng am Körper anliegt, bietet es dem Hund keinen ausreichenden Schutz gegen die Kälte. Bullys reagieren sehr empfindlich auf niedrige Außentemperaturen und benötigen auf Spaziergängen im Winter häufig einen Mantel.

Das kurze Fell ist pflegeleicht und sollte nur mit einer weichen Bürste gepflegt werden.

Vom FCI anerkannte Standardfarben:

- Falb
- Gestromt
- Ungestromt
- mit Weißscheckung (Pied)
- ohne Weißscheckung
- Schwarz
- Creme

1. Falb

Die Fellfarbe reicht in den Nuancen von Hellbraun bis Dunkelbraun. Die Innenschenkel und der Bauch sind meistens heller gefärbt. Im Gesicht kann eine schwarze Maske ausgeprägt sein. Einzelne weiße Flecken sind erlaubt.

2. Gestromt

Die Grundfarbe Falb wird durch eine verschieden angeordnete Streifung unterbrochen. Die Hunde besitzen alle eine schwarze Gesichtsmaske. Einzelne schwarze Flecken werden toleriert. Die Stromung reicht von Rot bis Hellbraun (Milchkaffee).

Verschiedene Stromungen:

- Brindle: dunkel gestromt
- hell gestromt
- Red Brindle
- Tiger Brindle
- Reverse Brindle

3. Mit Scheckung:

Die Scheckung sollte gleichmäßig über den gesamten Körper verteilt sein, ohne die Grundfarbe Falb zu verdecken. Bei einer starken Anzahl an Flecken wird der Hund als Falb-Schecke bezeichnet. Hunde mit einem vollständig weißen Fell werden als Falb mit überwiegend weißer Scheckung bezeichnet.

Alle Hunde besitzen einen schwarzen Nasenspiegel und eine mehr oder weniger deutliche schwarze Umrandung der Augen.

Seltene Fellfarben:

- Merle
- Blau
- Trindle
- reines Schwarz ohne Stromung
- Schokolade
- Zobel

Durch die Vererbung eines Dilute Gens entstehen die FAD-Farben.

Französische Bulldoggen mit blauem Mantel: Blue Frenchie, Blue Pied Frenchie, Blue Fawn Frenchie, Blue Brindle Frenchie.

Französische Bulldoggen mit Bräunungspunkten: Schwarz mit Braun, Schokolade mit Braun, Blau mit Braun, Lila mit Braun.

Trindles: in den Bräunungspunkten ist eine Stromung sichtbar.

Schokolade: Schokolade Frenchie, Schoko Fawn Frenchie, Schoko Pied Frenchie

Merle:

Die Aufhellung der Farbflecken ist über den gesamten Körper verteilt. Das Fell wirkt marmoriert und gesprenkelt.

Blau:

Durch das Dilute Gen wird die Farbe Schwarz zu Blau verdünnt. Französische Bulldoggen können von der Blue Mutant Alopecie betroffen sein. Die Farbpigmente werden nicht in den Haaren verteilt, sondern verklumpen in der Haut. Durch eine Entzündung der Haarfollikel beginnen die Haare, verstärkt auszufallen.

Zobel-Frenchies besitzen ein hellbraunes Fell. Sie sehen aus wie Reh-Frenchies. Über den Rücken und den seitlichen Körper legt sich ein Mantel aus schwarzen Haaren. Seltener werden cremefarbene französische Bulldoggen mit einem Zobel-farbenen braunen Mantel geboren.

Die Vererbung der Fellfarben

Bei der Erforschung der Vererbung verschiedener Fellfarben waren die Studien von Clarence C. Little bahnbrechend. Seine Kennzeichnung der einzelnen Allele wird noch heute verwendet.

Die französische Bulldogge besitzt folgende Farblokusse:

- A-Lokus
- B-Lokus
- D-Lokus
- E-Lokus
- K-Lokus
- S-Lokus

Die Gene des A-Lokus sind für die Grundfarbe Ay, die Tan-Abzeichen At und eine rein schwarze Färbung A des Fells ohne Stromung verantwortlich.

Über die Gene des B-Lokus wird die Farbe Schoko vererbt. Der D-Lokus enthält das Dilute Gen, das die Farbe Schwarz zu Blau verdünnt. Auf dem E-Lokus befinden sich die Gene für die Farbe Creme.

Die Gene des K-Lokus bestimmten die Stromung des Fells. Der S-Lokus definiert keine Farbe. Die Gene auf dem S-Lokus legen fest, ob das Fell einfarbig oder gescheckt ist.

Damit die Nachkommen die gewünschte Fellfarbe aufweisen, muss bei der Paarung der Elterntiere darauf geachtet werden, ob die Gene in reinerbiger oder gemischt erbiger Form vorliegen. Bei seltenen Sonderfarben muss die Auswahl der Elterntiere besonders sorgfältig erfolgen, damit bei den Nachkommen keine Erbkrankheiten oder Missbildungen auftreten. Zwei Hunde, die das Dilute Gen in sich tragen, sollten generell nicht miteinander gepaart werden, da eine große Wahrscheinlichkeit besteht, dass ein Teil der Nachkommen blind und taub ist.

Wodurch unterscheidet sich die französische Bulldogge von anderen Bulldoggen?

Unter dem Begriff „Bulldogge" werden mehrere muskulöse Hunde, die eine gedrungene Körperform besitzen, versammelt:

- Englische Bulldogge
- Französische Bulldogge
- Amerikanische Bulldogge
- Alapaha Blue Blood Bulldog
- Australische Bulldogge
- Catahoula Bulldoge
- Kontinentale Bulldogge
- Leavitt Bulldogge
- Renascence Bulldog
- Old English Bulldog
- Viktorianische Bulldogge

Anders als die anderen Bulldoggen besitzt die französische Bulldogge stehende Rosenohren. Bei den anderen Bullys hängen die Ohren eng am Kopf anliegend nach unten. Der Leavitt Bulldog besitzt stehende Ohren, deren Spitze nach unten umklappt.

Der Unterbiss ist bei der französischen Bulldogge weniger stark ausgebildet als bei den anderen Bullys. Der Kopf der englischen Bulldogge ist wuchtiger und größer. Die französische Bulldogge wirkt insgesamt zarter und zierlicher. Sie ist auch um einige Zentimeter kleiner als die anderen Bulldoggen.

Der Leavitt Bulldog entspricht in seinem Aussehen den historischen Bullys. Seine Beine und der Schwanz sind länger als bei der französischen Bulldogge. Außerdem besitzt er eine längere Schnauze und leidet weniger unter Atemproblemen als die französische Bulldogge. Auch der Viktorian Bulldog verfügt über eine lange Schnauze.

Bei dieser Rasse sind die Weibchen deutlich kleiner als die Rüden. Eine natürliche Geburt ist möglich. Bei der französischen Bulldogge treten aufgrund des großen Kopfes der Welpen meistens Komplikationen bei der Geburt auf. Häufig müssen die Welpen durch einen Kaiserschnitt entwickelt werden.

Auch bei den Hautfalten bestehen Unterschiede. Die Hautfalten der englischen Bulldogge sind tiefer ausgeprägt als die Hautfalten der französischen Bulldogge.

Vom Charakter her sind alle Bullys sehr sensibel. Sie möchten ihrem Halter gefallen. Keine der Rassen schätzt Kommandos in einem scharfen Tonfall. Die französische Bulldogge ist einfach zu erziehen. Im Gegensatz dazu wird für die ursprünglichere englische Bulldogge mehr Konsequenz benötigt. Die englischen Bulldoggen sollten daher nur von einem erfahrenen Hundehalter gehalten und trainiert werden.

Während die englischen Bulldoggen vor allem auf die Hitze in den Sommermonaten empfindlich reagieren, leidet die französische Bulldogge durch ihr kurzes Fell auch im Winter unter der Kälte. Die kleinen Hunde benötigen bei tiefen Temperaturen einen Hundemantel.

Die Lebenserwartung ist bei den einzelnen Bullys sehr unterschiedlich:

- Französische Bulldogge: 10 bis 12 Jahre
- Englische Bulldogge: 8 bis 10 Jahre
- Amerikanische Bulldogge: 10 bis 15 Jahre
- Alpha Blue Bulldog: 12 bis 15 Jahre
- Australian Bulldog: 10 bis 12 Jahre
- Catahoula Bulldog: 10 bis 12 Jahre
- Continental Bulldog: 10 bis 12 Jahre
- Leavitt Bulldog: 9 bis 14 Jahre
- Renascence Bulldog: 9 bis 14 Jahre
- Old English Bulldog: 9 bis 14 Jahre
- Viktorian Bulldog: 6 bis 12 Jahre

Welches Alter Ihr Bully erreicht, hängt nicht nur von der Rasse, sondern auch von tiergerechter, gesunder Ernährung, ausreichend Bewegung und regelmäßigen Vorsorgeuntersuchungen bei einem Tierarzt ab. Zu starke Belastung und Übergewicht können die Lebenserwartung deutlich verkürzen.

Welche Bulldoggen Rasse passt zu welchem Menschen?

Charakterlich bestehen zwischen den verschiedenen Bulldoggen-Rassen einige Unterschiede. Gemeinsam ist allen Hunden, dass sie sehr intelligent und gelehrig sind. Während die französische Bulldogge sich schnell eng an ihre Familie anschließt, hat der Old English Bulldog ein wechselhaftes Temperament. Teilweise reagiert er überschäumend freundlich und herzlich, teilweise ist der Hund zurückhaltend und kann sich fremden Menschen gegenüber auch einmal misstrauisch zeigen. Deshalb ist der Old English Bulldog vor allem für Menschen geeignet, die bereits Erfahrung in der Hundehaltung sammeln konnten.

Die französische Bulldogge benötigt, ebenso wie die anderen Bulldoggen, viel Bewegung. Dabei muss aber auf die Beschaffenheit der Schnauze und eventuell auftretende Atemprobleme Rücksicht genommen werden. Menschen, die eine französische Bulldogge halten, sollten Freude an der Bewegung in der Natur und ausreichend Zeit zur Verfügung haben.

Menschen, die eine Bulldogge halten wollen, sollten in der Erziehung geduldig und konsequent sein. Denn alle Bullys können ganz schön stur sein. Vor allem Menschen, die sich für eine französische Bulldogge entschieden haben, sollten in der Lage sein, den süßen Blicken der Knutschkugeln zu widerstehen. Wenn die Augen so lieb um Futter betteln, darf nicht nachgegeben werden. Auch wenn man es noch so gerne möchte.

Auch der American Bulldog sollte nur von einem Hundehalter mit entsprechender Erfahrung gehalten werden. In einigen Bundesländern in Deutschland ist es für die Haltung eines American Bulldog notwendig, einen Sachkundenachweis für Hundehalter zu erbringen. Der Hund muss sich einem Wesenstest unterziehen.

Der Continental Bulldog hat einen charmanten, ruhigen und freundlichen Charakter. Aufgrund seiner Liebe zu Kindern passt er gut zu Familien. Er ist ein treuer und loyaler Familienhund und wird alle Rudelmitglieder immer verteidigen.

Wie unterscheiden sich Rüden und Hündinnen bei der französischen Bulldogge?

Rüden sind größer, kräftiger bemuskelt und auch schwerer als weibliche französische Bulldoggen. Da es sich bei der französischen Bulldogge aber um eine kleine Hunderasse handelt, sind keine gravierenden Unterschiede sichtbar.

Da sieht es beim Charakter schon anders aus. Während Hündinnen friedlicher und anhänglicher sind, sind die rauflustigeren Rüden eher schwer zu erziehen und zu führen. Matchos und kleine Napoleons gibt es aber bei jedem Geschlecht, da hier große individuelle Unterschiede bestehen. Normalerweise eskaliert das Imponierverhalten nicht. Schwere Raufereien sind auch unter Rüden eher selten.

Rüden besitzen einen stark ausgeprägten Geschlechtstrieb. Sie heben häufig ihr Bein und markieren das Revier mir Harn. Befindet sich eine läufige Hündin in der Nähe, will der männliche Bully oft nicht fressen. Er ist gestresst und angespannt und möchte sofort dem verlockenden Geruch folgen. Schnell wird die Gelegenheit zur Flucht genutzt und selbstständig ein Spaziergang unternommen. Hündinnen verhalten sich nur während der Paarungsbereitschaft, die zweimal im Jahr auftritt, unruhig. Nur am Höhepunkt des Zyklus ist die Partnersuche für die weiblichen Tiere interessant. Dafür werden die Hündinnen läufig. Damit die Wohnung in dieser Zeit nicht mit Blut verschmutzt wird, können Sie Läufigkeitshöschen verwenden. Auf die Läufigkeit folgt die Zeit der Scheinträchtigkeit. Das Gesäuge der Hündin schwillt an. Eventuell kommt es zum Austritt von Milch. Spielzeug wird als Welpenersatz betrachtet und verursacht eine Verlängerung der Scheinträchtigkeit. Diese Laktation von nicht trächtigen Hündinnen hat ihre Ursache in der Struktur eines Wolfsrudels. Die Leitwölfin und der Leitwolf pflanzen sich fort. Die Nachkommen werden von allen Hündinnen gemeinsam aufgezogen und gesäugt. Das ursprüngliche Verhalten ist noch immer bei den Hunden vorhanden.

Während der Zeit der Scheinträchtigkeit sollten Sie besonders auf Ihre französische Bulldogge achten. Wird unangenehm riechender Ausfluss aus der Scheide sichtbar, sollten Sie immer sofort einen Tierarzt aufsuchen. Auch eine verstärkte Wasseraufnahme kann ein Alarmzeichen sein. Eventuell sind Bakterien in die Gebärmutter eingewandert und haben eine Entzündung verursacht. Die Gebärmutter muss in diesem Fall sofort von einem Tierarzt operativ entfernt werden, damit sich die Erreger nicht über das Blutgefäßsystem ausbreiten können. Bei einer Pyometra handelt es sich immer um einen Notfall, der ohne Behandlung mit dem Tod des Bullys endet.

Wer ist verschmuster: ein Rüde oder eine Hündin? Beim Schmusefaktor bestehen große individuelle Unterschiede. Die meisten französischen Bulldoggen, egal ob Rüde oder Hündin, sind sehr verschmust und fordern die Zuneigung auch ein.

Ob Sie einen Rüden oder eine Hündin in Ihre Familie aufnehmen, hängt vor allem von Ihren Vorlieben und Erfahrungen ab. Wenn Sie die Welpen sehen, werden Sie sich wahrscheinlich spontan in eine der süßen Knutschkugeln verlieben und erst danach nach dem Geschlecht des Hundes fragen.

Die französische Bulldogge als Familienhund

Die französische Bulldogge sieht mit den runden, aufgestellten Ohren und der kurzen Nase sehr drollig aus. Die großen Augen lassen das Gesicht des kleinen Hundes noch mehr dem Kindchenschema entsprechen. Von Kindern bis zu Senioren – alle sind von dem lustigen Wesen der französischen Bulldogge hingerissen und verlieren schnell ihr Herz an die Hunderasse.

Die verschmuste und freundliche Art des Hundes macht ihn zu einem ausgezeichneten Familienhund. Er schließt sich eng an seine Familie an und möchte bei allen Unternehmungen dabei sein. Dabei passt sich die französische Bulldogge gut an die Lebensumstände ihrer Familie an. Ob auf dem Land oder in einer Wohnung in der Stadt gehalten – der kleine Hund ist überall glücklich. Vorausgesetzt er ist bei seinen Menschen und kann sein Bewegungsbedürfnis ausreichend ausleben. Verspielt und ohne jede Nervosität spielt der Hund gerne und ausdauernd mit Kindern. Er übernimmt auch die Rolle des Familienclowns. Hauptsache, er gefällt seiner Familie und wird dafür mit Zuneigung und Streicheleinheiten überhäuft.

Obwohl die französische Bulldogge sehr klein ist, darf sie nicht unterschätzt werden. In ihr steckt ein kleiner Napoleon. Mutig und ohne jegliche Scheu geht sie auch auf größere Hunde zu und kann schon einmal ungehalten reagieren, wenn ihr etwas nicht passt.

Die französische Bulldogge ist kein Wachhund. Aber sie steht für ihre Familie ein und wird diese jederzeit gegen Gefahren verteidigen. Unbekannte Personen werden verbellt und gemeldet, wenn sie das Grundstück betreten oder an der Wohnungstüre klingeln. Damit das Bellen nicht den Unmut der Nachbarn erregt, sollte die französische Bulldogge schon früh dazu erzogen werden, bei einer Meldung nur kurz zu bellen.

Sind in der Familie bereits andere Tiere vorhanden, kann die französische Bulldogge gut mit ihnen auskommen. Vorausgesetzt sie hat Zeit, die anderen Tiere kennenzulernen.

Prinzipiell ist die französische Bulldogge für alle Menschen, egal ob Single oder Familie, jung oder alt, geeignet. Vorausgesetzt es ist Freude an viel Bewegung und langen Spaziergängen vorhanden. Da diese Hunderasse Erziehungsfehler verzeiht, ist der Hund auch als Anfängerhund geeignet. Nur für Sportler ist die französische Bulldogge nicht geeignet, da der Hund durch seinen gedrungenen Körperbau und die rückgebildete Nase nicht so gut für Hundesport geeignet ist.

Welche Ansprüche stellt die französische Bulldogge an ihre Haltung?

Eigentlich sind die kleinen Hunde nicht besonders anspruchsvoll. Sie brauchen Bewegung, aber zu viel soll es natürlich auch nicht sein. Genau das Richtige ist ein langsamer, gemütlicher Spaziergang, auf dem der Hund viele interessante Dinge entdecken kann. Sonst ist die französische Bulldogge eher ein Couch-Potato. Faulenzen im Körbchen ist toll, Anstrengung nicht so sehr. Da die verkleinerte Nase die Atmung erschwert, müssen einige Hunde sogar beim Spielen gebremst werden. Verausgaben sie sich zu sehr, kann es passieren, dass sie zusammenbrechen.

Schwimmen gehört nicht gerade zu den Lieblingsbeschäftigungen der französischen Bullys. Mit den sehr kurzen Beinen und dem großen schweren Kopf ist es den Hunden kaum möglich, sich gut über Wasser zu halten. Ein kleiner Swimming-Pool für Hunde auf der Terrasse oder im Garten wird im Sommer aber nicht abgelehnt.

Durch die kurze Nase hat die französische Bulldogge auch Probleme, hohe Temperaturen auszugleichen. Eine Verdunstung von Flüssigkeit über die Nasenschleimhaut zur Kühlung ist kaum möglich. Im Sommer sollten daher Spaziergänge nicht unbedingt in der Mittagshitze durchgeführt werden. Im Winter schützt das kurze Fell den Hund kaum vor der Kälte. Damit er nicht friert oder sich erkältet, sollte er einen Mantel tragen. Die französische Bulldogge verweigert es auch nicht, im Herbst bei Wind und kalten Regenschauern durch eine bequeme Jacke gewärmt zu werden. Wer will schon bis auf die Haut nass werden?

Ob in einer Wohnung oder auf dem Land – die französische Bulldogge fühlt sich überall wohl. Hauptsache, sie hat ihre Familie um sich und erhält genügend körperliche Nähe und Zuwendung. Alleine bleibt der kleine Hund nicht gerne. Für Zwingerhaltung ist die Hunderasse überhaupt nicht geeignet.

Das Fell sollte regelmäßig gebürstet werden, damit es schön glänzt. Ebenso wichtig ist die regelmäßige Pflege und Reinigung der Ohren, damit der äußere Gehörgang nicht mit Ohrschmalz verstopft wird und sich entzündet.

Durch den Unterbiss und die verkürzte Schnauze leidet die französische Bulldogge häufig unter Zahnproblemen. Eine regelmäßige Kontrolle und Reinigung der Zähne sind sehr wichtig.

Die Augen sind weit geöffnet und treten leicht hervor. Sie sind kaum gegen Staub und Wind geschützt. Daher sind die Lidbindehäute oft gerötet und entzündet. Bei einigen Hunden tränen die Augen wegen des missgebildeten Tränen-Nasenkanals immer wieder. Damit sich das Fell unterhalb der Augen nicht verfärbt, müssen die Tränenstraßen mit einem speziellen Pflegemittel entfernt werden.

Auch die kleinen Pfoten benötigen Pflege. Damit die Ballen geschmeidig bleiben und sich keine Risse bilden, sollten die Pfoten jeden Tag eingecremt werden. Normalerweise läuft sich die französische Bulldogge die Krallen von selber ab. Wachsen diese bei alten Hunden zu lang, sollten sie regelmäßig gekürzt werden. Bei dunklen Krallen kann sehr schwer abgeschätzt werden, wie weit das Blutgefäß und der Nerv reicht. Lassen Sie sich das Kürzen der Krallen von einem Tierarzt zeigen und führen Sie es das erste Mal in der Ordination durch. So vermeiden Sie schmerzhafte Verletzungen.

Damit sich keine Hautentzündungen entwickeln, müssen die Hautfalten gereinigt und gepflegt werden. Pflegecremes halten die Haut geschmeidig und verhindern die Entstehung von Rissen. Wird der überschüssige Talg, der sich am Grund der Hautfalte angesammelt hat, regelmäßig entfernt, können sich Bakterien nicht so leicht ansiedeln und Entzündungen verursachen.

Damit die französische Bulldogge auch geistig ausgelastet ist, benötigt sie verschiedenes Spielzeug. Am liebsten spielt der Hund gemeinsam mit seinen Menschen. Er sollte sich dabei aber nicht zu sehr anstrengen und aufregen. Eine Überhitzung kann körperliche Schäden verursachen. Gut geeignet sind Clickertraining und diverse Intelligenzspiele. Hier ist aber Abwechslung gefragt. Die kleinen Hunde lernen schnell und langweilen sich, wenn das gleiche Spiel immer wieder wiederholt wird.

Tricks lernt der Bully sehr gerne: Er kann bei den Übungen seinem Menschen gefallen und sich beschäftigen. Die gemeinsamen Erfolgserlebnisse verstärken die Bindung und Freundschaft zwischen Mensch und Hund immer weiter.

Im Urlaub möchte der Bully auch bei seiner Familie sein. Ist das nicht möglich, sollte der Hund zu bekannten Personen kommen, die sich um den Hund und seine Bedürfnisse kümmern. Eine unbekannte Tierpension, in der der Hund die Tage im Zwinger verbringen muss, ist für den geselligen Bully sicher nicht geeignet.

Da der Hund klein, unkompliziert und freundlich ist, ist er in vielen Hotels willkommen. Der Bully passt sich schnell an die neue Umgebung an und wird sicher schon nach kurzer Zeit zum Liebling der anderen Gäste.

Die Ernährung der französischen Bulldogge

Die französische Bulldogge frisst gerne und viel. Hauptsache, das Futter schmeckt. Natürlich sind auch zusätzliche Leckerchen immer willkommen. Kann der Hundehalter den bittenden Augen nicht widerstehen, entwickelt sich schnell Übergewicht und als Folge Erkrankungen der Gelenke, der Bauchspeicheldrüse und des Herz-Kreislaufsystems.

Das Hundefutter sollte einen hohen Anteil an Fleisch und Innereien, gesundes Gemüse und Obst enthalten. Auch die Ballaststoffe dürfen nicht fehlen. Getreide darf nur in geringer Menge im Futter enthalten sein, damit der Hund kein Übergewicht entwickelt. Zucker sollte selbstverständlich auch kein Bestandteil des Futters sein.

Sie können die französische Bulldogge mit Trockenfutter oder Nassfutter ernähren, oder den Hund barfen. Jede der Ernährungsformen hat Vorteile und Nachteile, auf die kurz eingegangen wird. Im Endeffekt liegt es bei Ihnen, welche Form der Fütterung Sie bevorzugen. Bei allen Futtermitteln muss darauf geachtet werden, dass alle Nährstoffe, die der Hund benötigt, enthalten sind.

Trockenfutter

Trockenfutter ist einfach zu lagern und zu füttern. Es kann bequem auf Ausflüge und in den Urlaub mitgenommen werden. Wird der Hund mit Trockenfutter gefüttert, benötigt er anschließend an die Mahlzeit viel Wasser.

Da die kurze Schnauze und der Unterbiss die Aufnahme des Futters erschweren, sollten Sie besonders auf die Größe der Kroketten achten.

Das Trockenfutter sollte hochwertig sein und, wenn möglich, kein Getreide enthalten.

Nassfutter

Nassfutter ist für die französische Bulldogge perfekt geeignet. Die Aromastoffe liegen in dem Futter in gelöster Form vor. Der Bully kann den Geruch des Futters auch mit seinem eingeschränkten Geruchssinn gut wahrnehmen. Deshalb wird der Hund wahrscheinlich Nassfutter dem Trockenfutter gegenüber bevorzugen.

Auch für das Nassfutter gilt: Es sollte hochwertig sein und viel Fleisch, Gemüse und Obst enthalten.

Barfen

Natürlich können Sie eine französische Bulldogge auch barfen. Durchschnittlich benötigen normal aktive Hunde 150 Gramm Muskelfleisch und Innereien am Tag. Ergänzt wird das Eiweiß durch Nudeln oder Reis (ungefähr 75 Gramm) und durch verschiedenes Gemüse (75 Gramm). Zusätzlich benötigt der Bully Vitaminstoffmischungen, hochwertige Öle für die Versorgung mit essentiellen Fettsäuren, Mineralstoffe und Spurenelemente.

Mit Barfen kann das Futter am leichtesten an die persönlichen Vorlieben und Bedürfnisse der französischen Bulldogge angepasst werden. Achten Sie dabei aber immer auf Abwechslung. Füttern Sie verschiedene Fleisch-, Obst- und Gemüsesorten, damit Ihr Hund über die Woche verteilt mit allen wichtigen Nährstoffen versorgt wird.

Wenn Sie das Hundemenü nicht selbst zubereiten wollen, können Sie Barf-Menüs auch fertig zusammengestellt im Tierfachhandel erwerben.

Um den Nährstoffgehalt und die Futtermenge für Ihre französische Bulldogge einfach überprüfen zu können, stehen Ihnen im Internet mehrere Barf-Rechner zur Verfügung.

Welches Fleisch ist für den Bully geeignet?

Gut geeignet sind Huhn, Pute, Rind, Kalb, Lamm, Ziege, Pferd und Fisch. Schweinefleisch sollte nicht gefüttert werden, da es das Aujeszky-Virus enthalten kann, das Symptome ähnlich der Tollwut hervorruft. Als Innereien können Leber, Schlund, Herz und Hühnermagen verwendet werden.

Welches Gemüse ist gut geeignet?

- Karotten
- rote Rüben
- Zucchini
- Salat in kleinen Mengen
- Brokkoli

Welches Obst ist geeignet?

- Apfel ohne Kerngehäuse
- Erdbeeren in nicht zu großer Menge
- Himbeeren in nicht zu großer Menge
- Melone
- Pfirsich

Was darf nicht in dem Futter enthalten sein?

Giftig für die französische Bulldogge sind zum Beispiel folgende Nahrungsmittel:

- Auberginen
- Avocado
- Tomaten in großen Mengen
- Bohnen
- Linsen
- Zwiebel
- Knoblauch
- Weintrauben
- Schokolade
- Milchprodukte, die Laktose enthalten

Rohes Geflügelfleisch und weißer Pansen sollten ebenfalls nicht gefüttert werden.

Wie wichtig ist eine angemessene Erziehung?

Damit Ihre französische Bulldogge ein perfekter Begleiter wird, der überall willkommen ist, sollte der Hund gut erzogen sein. Die Beherrschung der Grundbefehle wie Sitz, Platz, Bleib und Bei Fuß ist ebenso wichtig wie das Verhalten des Hundes bei der Begegnung mit anderen Menschen.

Der Bully sollte so erzogen sein, dass er nicht an anderen Menschen bei der Begrüßung hochspringt und auch nicht ständig um ein Leckerchen bettelt.

Mit Geduld, Ausdauer, Konsequenz und einer liebevollen Erziehung kommt die französische Bulldogge auch gut mit größeren Ansammlungen von Menschen zurecht. Damit die Erziehung auch schnell erste Erfolge zeigt, sollten allerdings einige Besonderheiten der Bullys beachtet werden. Die Hunde sind nicht die körperlichen Macher. Sie sind intelligente Denker und möchten nicht durch ein ungeeignetes Training jeden Tag genervt werden. Deshalb sollten Sie zuerst herausfinden, was Ihre französische Bulldogge tun möchte und welche Belohnung am besten für den Hund geeignet ist. Erkennt der Bully den Sinn einer Übung und erreicht schnell Erfolge, wird er gerne weiter mitmachen und immer wieder gemeinsam mit Ihnen Neues lernen wollen.

Da die Bullys über einen sehr freundlichen Charakter verfügen und auch nicht zu aggressivem Verhalten neigen, lassen sie sich mit Konsequenz, Liebe und Geduld schnell zu einem perfekten Begleiter der Familie machen. Denn der Hund möchte gefallen und ist deshalb immer bemüht, Ihre Anforderungen zu erfüllen. Sie müssen nur in einer für den Hund begreifbaren Form vorliegen. Kleine Schritte, kleine Erfolge und Belohnung machen die französische Bulldogge schnell zu einem gut erzogenen Begleiter.

Bei der Erziehung sind Schreien, Drohungen und körperliche Bestrafungen immer absolut tabu. Die französische Bulldogge ist sehr sensibel. Durch schlechte Behandlung verliert der Hund schnell sein Vertrauen zu Ihnen. Die Bindung kann auch nur sehr mühevoll wieder aufgebaut werden. Angst ist nie eine Option für eine gute Beziehung zwischen Menschen und Hunden.

Trotzdem hat die französische Bulldogge auch ihre Eigenheiten, auf die sie nur ungern verzichtet. Sie sollten deshalb schon bei dem Welpen kurz nach dem Einzug in die Familie mit den ersten Erziehungsschritten beginnen. Haben sich der Charakter des Hundes und seine Marotten bereits voll entwickelt, ist es wesentlich schwieriger, korrigierend einzugreifen und schnelle Veränderungen zu erzielen. Am besten lassen Sie gar nicht erst zu, dass die französische Bulldogge bestimmte Unarten entwickelt.

Einfacher wird die Erziehung, wenn in Ihrem Haushalt bereits ein gut erzogener Hund lebt, an dem sich der Bully-Welpe orientieren kann. Ein Teil der Erziehung wird dann durch den älteren Hund übernommen.

Welches Potenzial steckt in der Hunderasse?

Französische Bulldoggen sind charmante und liebenswerte Hunde. Wenn sie auch nicht für die Jagd oder als Wachhund eingesetzt werden können, sind sie der ideale Familienhund. Intelligent und mit einem drolligen Äußeren sowie einem liebenswerten Charakter ausgestattet, erobern die Hunde nicht nur ihre Familie, sondern auch ein weltweites Publikum über Werbung und Filme.

Die französische Bulldogge gehört zu den brachyzephalen Hunderassen. Durch die Veränderungen der Nase, ein zu langes Gaumensegel oder einen zu großen, rundlichen Kopf treten häufig gesundheitliche Beschwerden auf, die die Lebensqualität des Hundes stark beeinträchtigen. Hier sollte der Rassestandard zugunsten des Hundes geändert werden. Qualzuchten stehen immer mehr im Fokus der Öffentlichkeit und sind teilweise auch gesetzlich bereits in einigen Bundesländern von Deutschland und Österreich verboten. Die Züchter nutzen das Potenzial der Hunderasse und legen bei der Zucht Wert auf eine körperliche Rückentwicklung zu einem gesunden Bully ohne Atemprobleme und mit einer besseren Leistungsfähigkeit. Hier sind aber nicht nur die Züchter, sondern auch die Käufer der Hunde gefragt. Besteht keine Nachfrage mehr nach französischen Bulldoggen mit einer extrem zurückgebildeten Nase, werden die Züchter automatisch wieder Hunde mit längeren Nasen für die Zucht einsetzen. Der Charme des Bully muss dabei nicht verloren gehen. Ein gesunder und vitaler Hund kann schließlich nur im Interesse aller sein.

Grundlagen für die Anschaffung und Haltung einer französischen Bulldogge

Sie haben sich dazu entschieden, die Verantwortung für eine französische Bulldogge zu übernehmen? Alle Familienmitglieder sind mit dieser Entscheidung einverstanden und wollen gemeinsam mit Ihnen dem Bully ein schönes und hundegerechtes Leben bereiten? Dann ist es so weit. Sie können darüber nachdenken, wo Sie Ihre französische Bulldogge kaufen wollen.

Sorgenfreie Anschaffung

Besuchen Sie doch einmal eine Hundeausstellung in Ihrer Nähe. Hier können Sie die Hunderasse noch besser kennenlernen, in Kontakt mit Züchtern treten und sich ausführlich beraten lassen.

Sie können auf verschiedenen Wegen in den Besitz einer französischen Bulldogge gelangen.

- Kauf beim Züchter
- Kauf aus dem Internet oder einem Kofferraum
- Adoption aus einem Tierheim oder einer Tiervermittlungsstelle

Wenn Sie die französische Bulldogge von einem bei dem Kynologenverband eingetragenen Züchter kaufen, haben Sie die Möglichkeit, die Mutterhündin kennenzulernen. Vor der Zulassung zur Zucht mussten die Züchter bei den Elterntieren verschiedene Ervip-Untersuchungen vornehmen lassen. Sie haben also eine gute Chance, einen gesunden Welpen zu erhalten.

Züchter prägen und sozialisieren die Hundewelpen bereits in den ersten Lebenswochen. Der Welpe lernt verschiedene Situationen, wie beispielsweise Kontakt mit Katzen und Kleintieren, kennen und unternimmt unter Anleitung der Mutter erste Spaziergänge. Die kleinen Hunde werden von einem Tierarzt untersucht, entwurmt und geimpft. Sie erhalten einen Chip, mit dem ihre Identität festgestellt werden kann, und einen EU-Heimtierausweis.

Die Welpen werden erst dann von der Mutterhündin getrennt, wenn sie alt genug sind und die Erziehung durch die Mutter abgeschlossen ist. Das ist zwischen der zehnten und der zwölften Woche der Fall.

Sie können den Welpen ab der fünften Lebenswoche bei dem Züchter besuchen und einen ersten Kontakt herstellen. Der Züchter überprüft auch Ihre Lebensumstände und entscheidet dann, ob Sie dazu geeignet sind, eine französische Bulldogge zu halten und dem Hund ein tiergerechtes Leben zu bieten. Treten später Fragen auf, können Sie sich jederzeit an den Züchter wenden. Seriöse Züchter bleiben mit Ihnen in Kontakt, da sie daran interessiert sind, wie es den Welpen im Lauf ihres Lebens geht und wie sich diese weiterentwickeln.

Züchter finden Sie unter folgenden Links:

https://www.franzoesischebulldogge.de/franzoesische-bulldogge-zuechter/

https://www.vdh.de

https://www.ikfb.de/

https://oecfb.at/

Wenn Sie den Welpen von Unbekannten aus dem Kofferraum eines Autos kaufen, weil Sie Mitleid mit den kleinen Hunden haben, erwerben Sie mit hoher Wahrscheinlichkeit einen kranken Welpen. Die Hunde stammen aus Vermehrungsstationen, in denen sie unter schlechten Bedingungen gehalten werden. Meistens werden die Welpen schon im Alter von vier bis fünf Wochen von der Mutterhündin getrennt. Die Milchzähne sind noch nicht durchgebrochen und die Welpen sind zu diesem Zeitpunkt auf die Mutterhündin angewiesen. Eine Sozialisierung der kleinen Hunde ist in der Vermehrungsstation nicht erfolgt. Der Welpe hat noch nie eine Bindung zu einem Menschen aufgebaut und hat außer dem Zwinger nichts kennengelernt. Die Papiere, die sie ausgehändigt bekommen, sind gefälscht. Impfungen und Entwurmungen sind nicht durchgeführt worden. Häufig leiden die Welpen auch unter ansteckenden Viruserkrankungen wie der Parvovirose, einem blutigen Durchfall. Trotz Therapie überleben die kleinen Hunde oft nicht.

Sie befreien durch einen Kauf aus dem Kofferraum keinen armen Welpen, sondern unterstützen mit Ihrem Geld die Hundemafia. Die Vermehrung der Hunde aus finanziellen Gründen geht so immer weiter.

Ein Kauf aus dem Internet bietet keine besseren Voraussetzungen. Die sogenannten Züchter stellen die Welpen in einer Wohnung oder an einem neutralen Ort vor. Die Mutterhündin ist nicht anwesend. Oft befinden sich mehrere Welpen der unterschiedlichsten Hunderassen in der Wohnung. Von einer seriösen Hundezucht kann also keine Rede sein, denn ein seriöser Züchter besitzt ein oder maximal zwei verschiedene Hunderassen. Die Welpen stammen meistens aus östlichen Ländern und sind weder untersucht noch geimpft und entwurmt. Von einem solchen Kauf kann nur abgeraten werden. Auch wenn der Welpe billiger erworben werden kann als bei einem registrierten Züchter, bezahlen Sie später Unsummen für tierärztliche Behandlungen, damit der Welpe vielleicht wieder gesund werden kann.

Sie möchten einer französischen Bulldogge, die ihr Zuhause verloren hat, eine neue Heimat geben? Dann schauen Sie sich doch in den Tierheimen und Tiervermittlungsstellen bei Ihnen in der Nähe um. Vielleicht können Sie dort einen passenden Hund finden.

Französische Bulldoggen, die eine neue Familie suchen, finden Sie unter folgenden Links:

https://www.tiere.at/Hunde/Franz-Bulldogge-In-Not

https://www.franzoesische-bulldogge-blog.de/franzoesische-bulldogge-tierheim/

https://www.pfotenteam.com/

Auch ältere Bullys fügen sich schnell in ihr neues Zuhause ein und bereichern das Leben ihrer neuen Familie. Sie benötigen nur etwas Zeit und Geduld. Sicher können Sie schon nach wenigen Wochen gemeinsame Erlebnisse mit Ihrer adoptierten französischen Bulldogge genießen.

Artgerechte Haltung und Pflege

Sie haben sich für einen Frenchie Welpen entschieden? Dann können Sie den nächsten Schritt machen und vor dem Einzug der französischen Bulldogge das neue Heim hundegerecht gestalten. Damit sich der Welpe bei Ihnen wohlfühlt, benötigen Sie eine Grundausstattung und einige Extras.

Zur Grundausstattung gehören:

- Liegeplatz oder Körbchen
- Hundedecke
- Fressnapf
- Wasserschüssel
- Brustgeschirr
- Halsband
- Leine
- Futter
- Bürste
- Transportkäfig für Autofahrten

Zusätzlich benötigte Extras:

- Spielzeug
- Leckerchen
- Kausnacks

- Clicker
- Welpenauslauf
- Hundemantel

Hundeapotheke nach dem Besuch beim Tierarzt:

- Wurmmittel
- Schutz vor Flöhen und Zecken
- Verbandwatte
- Tupfer
- elastische Binden
- Schere
- Pinzette
- Zeckenzange
- Rettungsdecke
- Spüllösung
- Thermometer
- Wundsalbe
- Desinfektionsmittel
- Augentropfen
- Tierkohle-Tabletten
- Notfallnummer des Tierarztes

Die richtige Ernährung der französischen Bulldogge

Französische Bulldoggen sind bei der Wahl des Futters sehr genügsam. Hauptsache, es ist schmackhaft und viel. Ein Nachschlag wird schnell gefordert, denn der Bully neigt dazu, übermäßig zu fressen und Übergewicht zu entwickeln. Hier dürfen Sie nicht nachgeben.

Welpen werden drei bis vier Mal pro Tag gefüttert. Später können Sie die gesamte Futterportion auf zwei Mahlzeiten pro Tag aufteilen. Ob Sie sich für Trockenfutter, Nassfutter, Barfen oder selber Kochen entscheiden, ist Geschmackssache. Für die französische Bulldogge ist nur wichtig, dass alle von ihr benötigten Nährstoffe in dem Futter enthalten sind.

Warum geht der Bully immer wieder auf Futtersuche?

Die französische Bulldogge hat sich Teile ihres Urinstinktes bewahrt. In der Natur findet der Wolf auch nicht jeden Tag genügend Futter, um sich satt zu fressen. Deshalb frisst er mehr, wenn das entsprechende Nahrungsangebot vorhanden ist. Der Hund ist nicht in der Lage, sich zu merken, dass jeden Tag neues Futter für ihn bereitsteht. Er kennt zwar die festgelegten Fütterungszeiten, aber es könnte ja auch einmal knapp werden. Da geht der Bully doch lieber auch einmal zwischendurch auf die Suche nach Futter. Wenn Sie ständig nachgeben, nimmt Ihr Hund zu viel Futter auf. Er speichert die überschüssige Energie in Fettdepots. Übergewicht macht aber krank und verringert die Lebenserwartung.

Auf den Verpackungen von Fertigfutter können Sie mithilfe von Tabellen die Futtermenge bestimmen, die Ihr Hund jeden Tag benötigt. Dabei handelt es sich aber nur um Durchschnittswerte, die an die individuellen Bedürfnisse Ihres Hundes angepasst werden müssen. Die reale Futtermenge wird immer durch das Alter, den Gesundheitszustand und die Aktivität Ihres Hundes beeinflusst.

Welpen und erwachsene Hunde haben unterschiedliche Bedürfnisse bezüglich ihres Futters

Welpen benötigen ein Hundefutter mit einem höheren Eiweißgehalt. Sie müssen während des Wachstums noch Muskeln aufbauen. Ein höherer Gehalt an Mineralstoffen und Spurenelementen sorgt für die Entwicklung von gesunden Knochen und Gelenken. Vitamine unterstützen den Aufbau des Immunsystems. Welpen müssen erst ihre Umgebung erkunden und entdecken. Die kleinen Hunde benötigen mehr Energie als ausgewachsene Hunde. Sie setzen auch noch kein Fett an, da sie die Energie durch ihre Quirligkeit und Aktivität schnell verbrauchen.

Bei erwachsenen Hunden sollte der Eiweißgehalt des Futters etwas reduziert werden. Die Energiezufuhr muss der Aktivität des Hundes entsprechen. Wird die französische Bulldogge älter, ändern sich die Ansprüche an das Futter wieder. Um den Organismus zu entlasten, benötigt der Senior-Hund leicht verdauliches Eiweiß, das einfach abgebaut wird und die Leber und Nieren nicht zu stark belastet. Der Bedarf an Vitaminen ist bei älteren Hunden etwas höher. Das gilt auch für den Gehalt an Mineralstoffen und Spurenelementen. Dafür besitzt das Futter für Senior-Hunde einen geringeren Energiegehalt. Die älteren französischen Bulldoggen bewegen sich weniger und sind nicht mehr so aktiv wie Junghunde. Natürlich bestehen hier große individuelle Unterschiede. Lassen Sie sich von Ihrem Tierarzt beraten, welches Futter am besten für Ihre französische Bulldogge geeignet ist.

Zusätzlich zu dem Futter muss der französischen Bulldogge den ganzen Tag frisches Wasser zur Verfügung stehen.

Das richtige Halsband und das richtige Brustgeschirr

Die französische Bulldogge hat einen gedrungenen Körper und einen kurzen Hals. Damit die Wirbelsäule bei Spaziergängen nicht belastet wird, ist die Wahl des richtigen Halsbandes oder Brustgeschirrs wichtig.

Bei den meisten französischen Bulldoggen ist die Atmung durch die verkürzte Schnauze beeinträchtigt. Ein Halsband übt zeitweise einen starken Druck auf die Luftröhre und den Kehlkopf aus. Die Atemprobleme verschlimmern sich noch weiter. Durch den Druck des Halsbands wird die Halswirbelsäule stark belastet. Muskelverspannungen und Bewegungsstörungen treten auf. Deshalb sollte bei der französischen Bulldogge kein Halsband, sondern immer ein passendes Brustgeschirr verwendet werden.

Für den kleinen gedrungenen Körper des Bullys mit dem breiten Brustkorb und den kurzen Beinchen wird ein Geschirr benötigt, dass den Druck gleichmäßig auf den gesamten Körper verteilt. Die Ausschnitte für die Vorderbeine müssen weit gestaltet sein, damit die Haut im Bereich der Achseln nicht bei Bewegungen verletzt wird. Breite Stege am Brust und Rücken verteilen den Druck gleichmäßig. Die Muskeln werden nicht einseitig belastet.

Damit Ihr Frenchie auch im Dunkeln gut laufen und von anderen Menschen und Autofahrern gesehen werden kann, sollten auf dem Brustgeschirr Reflektoren oder Blinker angebracht sein.

Softgeschirre aus Mesh-Material können einfach angezogen werden. Die französische Bulldogge steigt mit den Vorderbeinen in die Armausschnitte. Das Geschirr wird angehoben und im Bereich des Rückens mit einer Schnalle verschlossen. Die Ringe für die Leine befinden sich zentral über dem Rückenverschluss. Meistens sind zwei Ringe angebracht, damit bei Zug an der Leine der Druck noch besser ausgeglichen werden kann. Der Kehlkopf wird durch den breiten und weichen Bruststeg nicht belastet.

Das Mesh-Material erlaubt eine gute Luftzirkulation und verhindert eine Überhitzung des Hundes. Für die Wintermonate kann ein Brustgeschirr aus wärmerem Material gewählt werden.

Ein Soft-Brustgeschirr garantiert dem Bully immer den bestmöglichen Tragekomfort.

Eventuell kann für längere Spaziergänge auch ein Zuggeschirr mit dünneren Stegen verwendet werden. Auch bei diesem Geschirr ist der Kehlkopf frei. Die Atmung wird nicht durch das Geschirr beeinträchtigt.

Die richtige Leine

Ob die französische Bulldogge an einer kurzen oder langen Leine geführt wird, hängt von der jeweiligen Situation ab. In Verkehrsmitteln oder auf Plätzen mit einer großen Menschenansammlung ist eine kurze, bis zu einem Meter lange Leine vorzuziehen. Mit dieser haben Sie Ihren Hund besser unter Kontrolle und können einfacher ausweichen.

Auf längeren Spaziergängen im Park oder Wald kann die französische Bulldogge an einer Laufleine oder Schleppleine geführt werden. Auch wenn die französische Bulldogge kaum einen Jagdtrieb besitzt, sollte der Hund im Wald an der Leine geführt werden, damit Wild nicht aufgeschreckt wird. Die Laufleine ist für den Bully vollständig ausreichend. Der Hund liebt lange Spaziergänge. Aber bitte gemütlich und nicht hetzen. Und für kurze Abweichungen nach links oder rechts, um etwas ausgiebiger zu schnüffeln oder interessante Dinge zu suchen, ist eine Laufleine mit bis zu 15 Metern absolut ausreichend.

In der Hundeschule oder während des Trainings sollte immer eine kurze bis mittellange Leine eingesetzt werden, damit Sie das Verhalten Ihres Hundes jederzeit kontrollieren können.

Die richtigen Pflegemittel: vom Hundeshampoo bis zur Zahncreme

Die französische Bulldogge will gepflegt werden. Für das Fell genügt eine Naturbürste mit weichen Borsten. Da das Fell sehr kurz ist, ist ein Striegel nicht erforderlich. Besonders der Einsatz eines Fellpflegehandschuhs mit Noppen wird von dem Bully sehr genossen. Es geht eben nichts über Streicheleinheiten.

Ab und zu benötigt die französische Bulldogge ein Bad. Damit die Hautbarriere nicht beeinträchtigt wird, sollten Sie ein mildes und pflegendes Shampoo verwenden, das einen leicht alkalischen pH-Wert aufweist. Im Gegensatz zu Menschen sind pH-neutrale Shampoos nicht gut geeignet, da sie den Säuremantel der Hundehaut beeinträchtigen.

Öfter muss die Haut der Falten gereinigt werden. Hierfür verwenden Sie am besten ein feuchtes Tuch. Hat sich am Grund der Hautfalte viel Talg abgelagert, kann dieser mit einem milden Shampoo oder Brennnesseltee aufgelöst werden.

Verwenden Sie für die Pflege der Zähne immer nur Zahncreme für Hunde. Diese ist in unterschiedlichen Geschmacksrichtungen erhältlich. Gut für die Pflege der Zähne ist eine Zahncreme geeignet, die den pH-Wert des Speichels verändert. Zahnstein kann sich nicht so leicht an der Oberfläche der Zähne festsetzen. Als Zahnbürste können Sie Fingerzahnbürsten, Hundezahnbürsten oder ein Tuch verwenden.

Eine natürliche Reinigung der Zähne ist mit Kauspielzeug oder getrockneten Kausnacks möglich. Durch den Unterbiss ist es für die französische Bulldogge nicht so einfach, große Stücke zu kauen.

Die Pfoten des kleinen Hundes werden täglich stark beansprucht. Streusalz im Winter und ein heißer Asphalt im Sommer schädigen die Hornschicht der Ballen. Damit die Pfoten weiter geschmeidig bleiben und sich keine schmerzhaften, blutenden Risse bilden, sollten die Ballen täglich eingecremt werden. Achten Sie bei der verwendeten Salbe auf natürliche Inhaltsstoffe, da der Bully seine Pfoten abschleckt.

Die Reinigung der Ohren kann einfach mit einem Tuch und einem medizinischen Ohrreiniger durchgeführt werden. Der in den Gehörgang geträufelte Ohrreiniger löst Schmutz und Ohrschmalz auf. Durch Massieren der Ohren wird der Schmutz nach außen befördert und mit dem Tuch abgewischt.

Das richtige Spielzeug

Die französische Bulldogge ist ein lustiger und verspielter Hund. Vor allem junge Frenchies spielen besonders gern. Aber nicht jedes Spielzeug ist für einen Bully auch geeignet. Gleichzeitig können die gemeinsamen Spiele für die Erziehung des Hundes genutzt werden.

Die französische Bulldogge liebt Ballspiele. Weiche Stoff- oder Plüschbälle sind einfach zu fangen und zu tragen. Tennisbälle sind nicht so gut geeignet, da sich an der Oberfläche Glasfasern befinden, die die Zähne des Hundes mechanisch schädigen. Wenn Sie Tennisbälle verwenden wollen, sollten Sie im Tierfachhandel für Hunde geeignete Tennisbälle kaufen. Die Ballgröße muss individuell an den Hund angepasst werden. Zu kleine Bälle werden leicht verschluckt, zu große Bälle können nicht apportiert werden. Achten Sie bei allen Wurfspielen immer darauf, dass sich der Bully nicht überanstrengt. Brechen Sie das Spiel ab, bevor eine Überhitzung eintritt.

Auch ein Frisbee ist für Wurfspiele gut geeignet. Das Frisbee sollte aus einem unbedenklichen Material, das den Kiefer und die Zähne schont, bestehen.

Bullys können auf Wurfspiele schnell mit einem Suchtverhalten reagieren. Sie fordern immer einen neuen Wurf des Spielzeugs und führen die Handlungen Nachlaufen, Holen und Zurückbringen stereotyp durch. Wenn Sie bemerken, dass Ihr Bully während des Spiels nicht mehr auf Ihre Stimme reagiert, unterbrechen Sie das Spiel und sorgen Sie für Ruhe und Entspannung. Hat sich Ihr Hund stark in das Spiel hineingesteigert, ist dieses nicht mehr entspannend. Es entsteht sogar schädlicher Stress.

Als intelligente Hunderasse liebt die französische Bulldogge Intelligenzspiele. Mit einem Schnüffelteppich kann der Bully sein Bedürfnis nach Entdeckung neuer Dinge ausleben, seinen Geruchssinn trainieren und sich selbst mit den gefundenen Leckerchen belohnen. Beim Herausholen der versteckten Leckerchen wird die motorische Geschicklichkeit des Hundes belohnt. Der Bully hat bei diesem Intelligenzspielzeug mehrere Erfolgserlebnisse: das Finden der Leckerchen, das Herausholen und als endgültige Belohnung das Fressen. Da der Hund mit der Suche längere Zeit beschäftigt ist, kommt auch keine Langeweile auf.

Auch Intelligenzspielzeug mit verschiebbaren Teilen ist für die französische Bulldogge geeignet. Die Hunde lernen schnell, dass Kegel abgehoben, Holzabdeckungen verschoben oder Laden geöffnet werden sollen. Damit der Bully länger geistig ausgelastet wird, sollte der Schwierigkeitsgrad des Intelligenzspielzeugs regelmäßig erhöht werden.

Kauspielzeug sollte von der Größe her immer individuell an den Kiefer des Bullys angepasst werden. Achten Sie auf schadstofffreien Kunststoff, wenn das Spielzeug aus Plastik besteht. Gut geeignet ist Kauspielzeug aus Naturkautschuk. Während des Spiels werden Beläge von den Zähnen mechanisch entfernt.

Für Wurfspiele und Zerrspiele sind Seile aus weichem Zwirn oder festerem Baumwollgarn geeignet. Bedenken Sie, dass der Bully einen Unterbiss und empfindliche Zähne hat. Ziehen Sie daher nie zu stark am Seil.

Schwimmspielzeug ist für die französische Bulldogge nicht geeignet. Mit seinen kurzen Beinen und dem großen Kopf kann der Hund nicht besonders gut schwimmen. Die Pfoten im Sommer im Wasser kühlen ist in Ordnung, aber richtig schwimmen und aus dem Wasser apportieren muss nicht sein.

Folgende Spiele sind für die französische Bulldogge geeignet:

- Nagen und graben
- Suchspiele
- Fährtenspiel
- Futterspiele
- Apportieren
- Zerrspiele
- Intelligenzspiele
- Tricks lernen mit dem Clicker
- Überraschungsspiele auf Spaziergängen

Wichtige Besonderheiten der Rasse

Die französische Bulldogge ist ein brachyzephaler Hund. Durch Selektion bei der Zucht wurde der Schädel verkürzt und verbreitert. Durch die Verkürzung der Nase kann die französische Bulldogge nur schwer atmen. Die Nasenöffnungen sind nicht gut ausgeprägt. Mit zunehmendem Alter beginnen die Choanen in der Nase (Knorpelanteile) zu wuchern. Die Nase verschließt sich immer mehr. Die Atmung ist kaum mehr möglich. Durch die eingeengte Atmung sind während der Atemzüge verschiedene Atemgeräusche zu hören. Diese Geräusche sind nicht süß oder für die Hunderasse charakteristisch. Sie bedeuten, dass der Hund keine Luft bekommt und nicht in der Lage ist, einwandfrei zu atmen.

Teilweise hat die Zuchtselektion sogar dazu geführt, dass auf Röntgenbildern überhaupt keine Nase mehr zu erkennen ist. Durch Operationen kann versucht werden, die überschüssige Knorpelmasse zu entfernen und dem Hund die Atmung zu erleichtern.

Viele französische Bulldoggen schnarchen während des Schlafens. Das hat seine Ursache in der behinderten Atmung und einem zu lang ausgebildeten Gaumensegel. Die Atemprobleme beim Schlafen verhindern einen ruhigen und ungestörten Schlaf. Der Hund steht ständig unter Stress.

Das Gaumensegel trennt normalerweise die Luftröhre von der Speiseröhre. Ist das Gaumensegel zu lang ausgebildet, verschließt es ständig einen Teil der Luftröhre. Die Atemwege werden noch stärker eingeengt. Die Bullys hecheln häufig, röcheln, schnarchen und sind nicht so leistungsfähig wie andere nicht brachyzephale Hunderassen. Bei vielen französischen Bulldoggen sind die Tonsillen (Mandeln im Bereich des Gaumens) von Geburt an stark vergrößert. Durch die vergrößerten Mandeln, das zu lang ausgebildete Gaumensegel und die Ventilnase leidet der Bully unter ständiger Atemnot. Der Körper erhält dauerhaft zu wenig Sauerstoff.

Durch die Missbildungen der Nase kann über die Nasenschleimhaut kein Wasser verdunstet werden. Normalerweise entsteht durch die Verdunstung Kälte, die das Blut, das durch die Nase fließt, kühlt. Hunde mit einer normal ausgebildeten Nase atmen durch die Nase ein und durch den Mund wieder aus. Die Verdunstung von Flüssigkeit über die Zunge ist nicht ausreichend, um bei hohen Außentemperaturen die Körpertemperatur zu regulieren. Da der hintere Anteil der Nase von der französischen Bulldogge nicht für die Thermoregulation genutzt werden kann, hecheln die Hunde sehr häufig. Die Kühlfunktion der Nase ist durch die Verkürzung zerstört. Die Hunde überhitzen schnell. Das Herz wird durch die ständige Überlastung geschädigt. Kreislaufprobleme treten auf. Im schlimmsten Fall entsteht durch Erregung bei Hitze ein hyperthermischer Schock. Die innere Hitze kann nicht mehr abgebaut werden. Die Atemwege schwellen immer stärker an, die Atemnot verstärkt sich. Die französische Bulldogge bricht zusammen und stirbt an einem Herz-Kreislauf-Schock.

Der rund geformte Kopf verursacht aber noch andere Probleme. Die Augen befinden sich nicht vollständig in den knöchernen Augenhöhlen. Sie sind Wind und Staub ohne genügenden Schutz ausgesetzt. Entzündungen der Lidbindehaut sind daher bei Bullys häufig zu sehen.

Das Kleinhirn findet in dem verkürzten Schädel nicht ausreichend Platz. Die normale anatomische Lage ist nicht mehr möglich. Durch die Verschiebung des Kleinhirns treten immer wieder starke Kopfschmerzen auf. Die Hunde lassen sich nicht gerne am Kopf streicheln.

Alle Hunde können schwimmen. Wirklich alle? Die französische Bulldogge ist auch hier eine Ausnahme. Mit den kurzen Beinen kann der Hund kaum Schwimmbewegungen ausführen. Der schwere Kopf mit der flachen Nase kann von dem kurzen Hals kaum über Wasser gehalten werden. Auch wenn sich Ihre französische Bulldogge für kurze Zeit an der Oberfläche des Wassers halten kann, ist sie nicht in der Lage, längere Zeit zu schwimmen. Sie geht schneller unter als andere Hunderassen. Lassen Sie daher Ihren Bully nicht aus den Augen, wenn Sie auf dem Spaziergang an einem See oder Teich vorbeikommen.

Check-up und alles rund um die Gesundheit

Die französische Bulldogge gehört zu den Qualzuchten. Viele Bullys haben aufgrund der durch Zuchtselektion veränderten Körper lebenslang Probleme mit der Gesundheit. Bei den bei der französischen Bulldogge häufig auftretenden Krankheiten kann zwischen Erkrankungen durch schlechte Pflege, bakteriellen und viralen Infektionskrankheiten und Erbkrankheiten unterschieden werden.

Hauterkrankungen

Die französische Bulldogge besitzt nur ein kurzes Fell ohne Unterwolle. Die Haut ist in Falten gelegt. Diese Falten im Gesicht verleihen der französischen Bulldogge ihr drolliges Aussehen. Leider sammeln sich am Grund der Hautfalten schnell Schmutz und Hauttalg an. Nach jedem Spaziergang, mindestens jedoch einmal täglich müssen die Falten gründlich gereinigt werden. Dazu können Sie ein feuchtes Tuch verwenden. Vergessen Sie nicht, die Haut nach der Reinigung gründlich zu trocknen, damit die Wasserreste nicht die Vermehrung von Bakterien begünstigen können.

Werden die Hautfalten der französischen Bulldogge nicht gründlich gereinigt, sammelt sich schnell Schmutz an. Die Staubteilchen reiben an der Haut und verursachen Entzündungen. Ist die Haut einmal gerötet und verletzt, können sich Bakterien, Pilze und Viren ansiedeln. Die Entzündung verstärkt sich immer weiter und muss von einem Tierarzt behandelt werden.

Hauterkrankungen können aber auch durch ungesundes Futter verursacht werden. Ein zu geringer Fleischanteil oder verschiedene Allergene im Futter wie Weizen, anderes glutenhaltiges Getreide, Soja oder einige Obstsorten lösen eine Überreaktion des Immunsystems aus. Botenstoffe, die die Entstehung von Hautentzündungen fördern, werden in hohem Ausmaß ausgeschüttet. Die Haut ist gerötet und aufgequollen. Schuppen sind sichtbar. Wegen des starken Juckreizes kratzt sich der Hund ständig oder scheuert sich an verschiedenen Gegenständen. In den dabei entstehenden Verletzungen der Haut siedeln sich Bakterien an, die die Hautentzündung noch weiter verstärken.

Erkrankungen der Augen

Lidbindehautentzündung

Durch die etwas vorstehenden Augen ist die Lidbindehaut verschiedenen Reizungen ausgesetzt. Bei einer Entzündung ist die Bindehaut gerötet. Die Augen tränen. Unterhalb des mittleren Augenwinkels ist eine deutliche Tränenstraße sichtbar. Kommt es zu einer zusätzlichen Infektion mit Bakterien wird der Ausfluss eitrig. Im Augenwinkel lagern sich gelbliche Krusten ab.

Stellen Sie den Liegeplatz des Bullys immer an einem Ort auf, der vor Zugluft geschützt ist. Vermeiden Sie Autofahrten bei weit geöffnetem Fenster und lassen Sie Ihren Hund nicht während der Fahrt aus dem offenen Autofenster schauen.

Reinigen Sie die Augen vorsichtig mit einem weichen Tuch und Wasser. Verwenden Sie keinen Kamillentee für die

Reinigung, da die kleinen Teebestandteile eine zusätzliche Reizung verursachen.

Besteht die Lidbindehautentzündung weiter, muss ein Tierarzt die Ursache abklären und eine Behandlung durchführen.

Glaukom: Grüner Star

Durch den erhöhten Augendruck werden die Netzhaut und der Sehnerv geschädigt. Im Anfangsstadium ähnelt das Glaukom einer Lidbindehautentzündung. Die Augen sind gerötet und schmerzhaft. Ihr Hund reibt ständig daran. Manchmal wirkt die Hornhaut getrübt. Damit die Sehkraft Ihres Hundes erhalten bleibt, muss schnell eine Behandlung durch einen Tierarzt erfolgen. Als Vorsorge sollte der Augendruck mindestens einmal pro Jahr bei einer Vorsorgeuntersuchung gemessen werden. Ein Glaukom kann angeboren sein oder sich später als Folge von Augenentzündungen entwickeln.

Katarakt: Grauer Star

Unter einem Katarakt versteht man eine Trübung der Linse, die angeboren oder erworben sein kann. Der genetisch bedingte Katarakt schreitet ständig weiter fort. Anfangs ist der Hund noch in der Lage, Umrisse zu erkennen. Nach der vollständigen Trübung der Linse ist das Sehvermögen nicht mehr vorhanden. Eine Trübung der Linse kann auch durch eine Membrana pupillaris persistens entstehen. Embryonale Gefäße bilden sich während der Entwicklung nicht zurück und verursachen eine Trübung.

Eine erworbene Linsentrübung entsteht durch Augenentzündungen, Verletzungen des Auges oder als Folge von Diabetes mellitus.

Die Behandlung muss immer durch einen Tierarzt erfolgen.

Die Netzhautfalte

Bei einer angeborenen Netzhautfalte liegt die Netzhaut nicht vollständig am Augenhintergrund an, sondern bildet eine Falte. Der Hund sieht seine Umgebung verzerrt.

PRA progressive Retina Atrophie

Bei der PRA handelt es sich um eine Erkrankung der Netzhaut, die rezessiv vererbt wird. Die Augenkrankheit tritt nicht bei allen Welpen eines Wurfs auf. Träger des verantwortlichen Gens erkranken nicht selbst, sondern geben das mutierte Gen an ihre Nachkommen weiter. Die PRA kann schon kurz nach der Geburt (Retina Dysplasie) oder als Spätform auftreten. Zuerst kommt es zu einer Degeneration der Zäpfchen. Das Farbsehen des Hundes ist beeinträchtigt. Später degenerieren auch die Stäbchen. Der Hund kann im Dunkeln kaum mehr sehen und erblindet schließlich vollständig. Eine Therapie und Heilung sind nicht möglich, da die Erkrankung immer weiter fortschreitet und zu einer Erblindung der französischen Bulldogge führt.

Keratokonjunktivits sicca

Die Hornhaut trocknet aus, da sie nicht regelmäßig durch Tränenflüssigkeit benetzt wird. Es bilden sich Geschwüre. Blutgefäße wachsen in die Verletzungen der Hornhaut ein. Eventuell kann sogar ein Durchbruch der Hornhaut auftreten.

Das betroffene Auge ist entzündet und schmerzt. Durch Einlagerung von Pigment trübt sich die Hornhaut immer stärker. Das Sehvermögen geht verloren.

Hornhautgeschwüre können als angeborene Erkrankung oder als Folge von Verletzungen auftreten. Die Behandlung muss immer durch einen Tierarzt erfolgen.

Entropium

Bei einem Entropium rollt sich der Lidrand des Oberlides oder des Unterlides nach innen ein. Die Wimpern reiben an der Hornhaut des Auges und verursachen eine Entzündung. Dauert die Reizung über einen langen Zeitraum an, können als Reaktion Trübungen der Hornhaut auftreten. Um das angeborene Entropium zu beseitigen, muss der Tierarzt eine chirurgische Korrektur der Lider vornehmen. Die Operation darf erst durchgeführt werden, wenn die französische Bulldogge vollständig ausgewachsen ist.

Gefahren bei Überanstrengung

Durch die Rückbildung der Nase ist die französische Bulldogge nicht in der Lage, ihre Körpertemperatur ausreichend zu regulieren. Bei Überanstrengung, Erregung oder hohen Temperaturen steigt die Hitze im Körper immer weiter an. Die Atemprobleme verstärken sich. Der Bully erleidet einen Herz-Kreislaufschock und stirbt.

Französische Bulldoggen dürfen bei höheren Außentemperaturen nie allein im Auto zurückgelassen werden. Das gilt natürlich auch für andere Hunderassen. Aber die französische Bulldogge reagiert schon bei wesentlich geringeren Temperaturen.

Achten Sie darauf, dass Sie Spaziergänge nicht in der Mittagszeit unternehmen. Brechen Sie körperlich anstrengende Spiele rechtzeitig ab. Nehmen Sie auf Spaziergängen immer frisches Wasser mit, damit der Bully jederzeit trinken kann. Sorgen Sie im Sommer für einen schattigen Platz, an den sich Ihr Hund zurückziehen kann. Unternehmen Sie bei Hitze keine langen Spaziergänge.

Achondroplasie

Bei dieser Erbkrankheit wird das Wachstum des Skeletts durch die mutierten Gene beeinträchtigt. Die Beine sind besonders kurz. Meistens treten bei dieser Erbkrankheit auch frühzeitig Verknöcherungen der Bandscheiben auf. Der Hund leidet massiv unter den schmerzhaften Bewegungseinschränkungen.

Verstopfte Analdrüsen

Französische Bulldoggen leiden häufig unter verstopften Analdrüsen. Normalerweise dient das Sekret zur Markierung des Reviers. Kann es durch eine schlechte Verdauung nicht gut ausgeschieden werden, sammelt sich das Sekret in den Analbeuteln an. Es trocknet ein und verwandelt sich in eine feste, bröckelige Masse. Bakterien wandern ein und verursachen eine Entzündung des Analbeutels. Es bildet sich ein Abszess. Direkt neben dem Anus ist eine gerötete und schmerzhafte Schwellung sichtbar.

Verstopfte Analdrüsen müssen immer von einem Tierarzt behandelt werden. Tritt die Verstopfung immer wieder auf, können die Analbeutel chirurgisch entfernt werden.

Hüftgelenksdysplasie: HD

Obwohl die französische Bulldogge eine kleine Hunderasse ist, kann sie an einer HD leiden. Der Kopf des Oberschenkelknochens passt nicht in die Pfanne des Beckens. Während der Bewegung gleitet der Oberschenkel immer wieder aus der Pfanne. Der Gang des Hundes ist eiernd und schmerzhaft. Das betroffene Hinterbein wird nur mit kurzen Schritten nach vorne geführt. Durch die Fehlstellung des Gelenks entwickelt sich eine Arthrose. Welche Behandlung bei einer HD Erfolg bringt, richtet sich nach dem Grad der Fehlstellung und der Gelenkschädigung. Die Behandlung muss von einem Tierarzt durchgeführt werden.

Nicht alle Hunde mit einem fehlerhaften Winkel des Hüftgelenks erkranken. Die Probleme werden durch einen zu hohen Gehalt an Eiweiß und Energie im Welpenfutter gefördert. Auch eine zu hohe Menge an Mineralstoffen und Vitaminen fördert die Entstehung einer HD.

Patellaluxation

Bei der angeborenen Patellaluxation rutscht die Kniescheibe immer wieder aus dem Führungshöcker des Schienbeins. Der kurze Schmerz führt dazu, dass das Hinterbein angehoben wird. Die französische Bulldogge läuft einige Schritte auf drei Beinen. Sobald die Kniescheibe sich wieder in der normalen Position befindet, kann der Hund mit dem betroffenen Bein problemlos auftreten.

Ist der Bewegungsablauf durch die Patellaluxation stark beeinträchtigt, kann das Problem mithilfe einer Operation beseitigt werden.

Erkrankungen der Bandscheiben

Die Wirbelsäule der französischen Bulldogge ist sehr empfindlich. Durch den gedrungenen Körper können Bandscheibenvorfälle auftreten oder Wirbel verschoben werden. Von den Bandscheibenvorfällen sind junge Hunde ebenso betroffen wie ältere Hunde. Erfolgt keine Behandlung, wird das Rückenmark durch das Gewebe der Bandscheibe beschädigt. Lähmungen treten auf. Eine Stärkung der Bandscheiben und der Gelenke ist durch den Zusatz von Grünlippenmuschelpulver möglich.

Ständiges Springen, die tägliche Bewältigung von hohen Stufen oder unnatürliche Bewegungen begünstigen das Auftreten von Bandscheibenproblemen.

Der Magen-Darmtrakt

Der Magen der französischen Bulldogge kann auf schlechtes Futter sehr sensibel reagieren. Auch wenn der Hund bei der Wahl seines Futters nicht sehr anspruchsvoll ist, sollten Sie darauf achten, dass ein hoher Anteil an gesundem Muskelfleisch und Innereien in dem Futter enthalten ist.

Häufig tritt bei der französischen Bulldogge eine Erweiterung der Speiseröhre auf (Megaösophagus). Die Hunde sind nicht in der Lage, das Futter in dem Magen zu transportieren. Ein Teil des Futters bleibt in der Speiseröhre hängen und wird wieder erbrochen. Meistens kann die Erkrankung nur durch eine Operation behoben werden.

Willebrand-Jürgens-Syndrom

Bei dieser Erkrankung ist die Blutgerinnung gestört. Es treten häufig Nasenbluten und/oder Zahnfleischbluten auf. Auch mit dem Harn wird Blut ausgeschieden. Eine Heilung der Erkrankung ist nicht möglich.

Erkrankungen der Schilddrüse

Die französische Bulldogge leidet häufig unter Erkrankungen der Schilddrüse. Bei Hautentzündungen und Allergien sollte daher auch immer die Funktion der Schilddrüse überprüft werden.

Die Fortpflanzung

Um der französischen Bulldogge eine Nachkommenschaft zu ermöglichen, muss eine künstliche Befruchtung der Weibchen erfolgen. Die Rüden sind aufgrund der schmal ausgebildeten Hüften oft nicht in der Lage, einen Deckakt korrekt auszuführen. Bei der Geburt treten die nächsten Probleme auf: Der Kopf der Welpen ist so groß, dass er das schmale Becken der Mutterhündin nicht passieren kann. Um die Welpen zu entwickeln, ist ein Kaiserschnitt notwendig. Nur französische Bulldoggen mit harmonischen Proportionen können auf natürlichem Weg gebären.

Infektionskrankheiten

Zu den wichtigsten Infektionskrankheiten, die bei der französischen Bulldogge auftreten können, gehören:

- Staupe
- Parvovirose
- Zwingerhusten
- Leptospirose
- Hepatitis
- Tollwut

Staupe

Diese Infektionskrankheit wird durch ein Morbillivirus verursacht. Der Hund leidet unter starkem Durchfall und Erbrechen. Die Augen sind entzündet, die Körpertemperatur ist auf über 40 Grad Celsius erhöht. In der Lunge verursacht das Virus eine Lungenentzündung. Die Atmung ist beeinträchtigt.

Breitet sich das Virus in das Nervensystem aus, treten verschiedene neurologische Ticks auf. Die Augen zucken, eventuell sind Lähmungen sichtbar. Hat sich das Virus im Gehirn festgesetzt, bleibt es dort für das restliche Leben des Hundes. Die Ticks verschwinden nicht mehr. Der Hund ist allerdings nicht für andere Hunde ansteckend.

Als Spätfolge tritt im Bereich von Nase und Pfoten eine Hyperkeratose auf. Die Hornschicht der Pfotenballen ist verdickt (Hard pad disease). Erfolgt die Infektion mit dem Virus vor dem Zahnwechsel, werden auch die Zähne geschädigt. Am Schmelz im Bereich der Zahnhälse sind deutliche, gelb verfärbte Defekte zu erkennen. Hier spricht man von einem Staupegebiss.

Parvovirose

Das Parvovirus ist sehr ansteckend. Es kann bereits vor der Geburt von dem Muttertier auf die Welpen übertragen werden. Die Hunde leiden an Erbrechen und starkem, blutigem Durchfall. Die Schleimhaut des Dünndarms wird durch das Virus zerstört. Schädliche Stoffe gelangen in die Blutbahn und verursachen eine Sepsis und ein Versagen anderer Organe. Die Austrocknung durch den hochgradigen Flüssigkeitsverlust löst einen Herz-Kreislaufschock aus. Ohne Behandlung sterben die Hunde schnell. Gerade bei Welpen kann die Viruserkrankung perakut auftreten. Das bedeutet, dass die kleinen Hunde innerhalb weniger Stunden sterben.

Parvovirose ist eine häufig auftretende Erkrankung. Die Übertragung des Virus erfolgt durch Schmierinfektionen über den Kot. Vor allem Welpen aus Vermehrungsstationen sind häufig mit dem Parvovirus infiziert, da die Mutterhündinnen nicht geimpft werden.

Zwingerhusten

Die infektiöse Entzündung der Luftröhre und der Bronchien wird durch mehrere Viren und Bakterien verursacht:

- Parainfluenzavirus
- Bortedella bronchispetica
- Influenzavirus
- Adenovirus
- Morbillivirus

- Beta-Corona-Virus1

Der Hund hustet anfallsartig und würgt. Belastung oder Druck auf die Luftröhre verstärken den Hustenanfall. Fieber tritt nur im Anfangsstadium auf.

Leptospirose

Leptospiren sind Bakterien, die mit dem Harn ausgeschieden werden. Die Ansteckung erfolgt über verschmutztes Wasser. Eine Übertragung auf den Menschen ist möglich. Die Bakterien verursachen eine Entzündung der Nieren und der Leber. Ohne Behandlung stirbt der Hund an Organversagen.

Da viele verschiedene Leptospirenstämme in der Natur vorkommen, sollte die Impfung gegen möglichst viele Bakterienstämme einen Schutz bieten. Eine jährliche Wiederholung der Impfung ist unbedingt erforderlich.

Die Leptospirose kann auch auf den Menschen übertragen werden.

Hepatitis contagiosa canis HCC

Die Hepatitis contagiosa canis wird durch ein canines Adenovirus verursacht. Bei vielen Hunden sind nach einer Infektion keine Krankheitserscheinungen zu erkennen. Die Tiere entwickeln aber Antikörper, die sie für den Rest des Lebens vor einer weiteren Infektion schützen. Als Symptome können Erbrechen, Durchfall und eine Gelbsucht aufgrund einer Entzündung der Leber auftreten. Die Schleimhäute des Hundes sind durch die Ablagerung von Gallenfarbstoffen gelblich verfärbt. Das Virus kann in den Zellen der Nieren und Leber viele Jahre überleben.

Eine chronische Leberentzündung verursacht lebenslang Probleme und verringert die Lebensqualität Ihres Hundes.

Tollwut

Tollwut ist eine tödlich verlaufende Virusinfektion, die über den Speichel des Hundes auch auf den Menschen übertragen werden kann. Eine Behandlung der Erkrankung ist nicht möglich. Sie verläuft immer tödlich.

Das Virus vermehrt sich zuerst an der Bissstelle und wandert dann über die Nerven in das Gehirn. Dort dringt es in die Gehirnzellen ein und verursacht eine Entzündung. Das Gehirn stirbt langsam ab.

Die Symptome, die bei einer Infektion mit dem Rhabdovirus auftreten, sind nicht immer eindeutig. Der Hund, der durch Krämpfe der Kaumuskulatur Schaum vor dem Mund bildet, ist eher ein Fall aus Lehrbüchern. Häufiger sind Symptome wie Erbrechen, Durchfall, Lähmungen und ein verändertes Verhalten zu sehen.

Da die Virusinfektion auch beim Menschen immer tödlich verläuft, ist es besonders wichtig, den Hund durch eine Impfung zu schützen. Abhängig von dem Risiko einer Ansteckung wird die Impfung jährlich oder alle drei Jahre durchgeführt.

Um eine Infektion Ihres Hundes zu vermeiden, sollte dieser geimpft werden. Dabei wird zwischen Core-Impfungen, die absolut notwendig sind, und Non-Core-Impfungen unterschieden. Zu den Core-Impfungen gehören: Staupe, Hepatitis, Leptospirose, Parvovirose und Tollwut. Non-Core-Impfungen sind die Impfungen gegen Zwingerhusten, Leishmaniose oder Borreliose.

Welche Non-Core-Impfungen Ihre französische Bulldogge benötigt, ist von Ihrem Lebensstil und dem Wohnort abhängig. Lassen Sie sich von einem Tierarzt beraten, damit Ihr Hund alle Impfungen erhält, die er benötigt.

Wann werden Impfungen durchgeführt?

Damit Ihre französische Bulldogge eine belastbare Immunität entwickeln kann, muss zuerst eine Grundimmunisierung durchgeführt werden. Als Welpe ist Ihr Hund noch durch die Antikörper, die er über das Kolostrum der Mutterhündin erhalten hat, geschützt. Diese Antikörper bauen sich langsam ab. Deshalb muss der kleine Hund durch Impfungen geschützt und beim Aufbau seines Immunsystems unterstützt werden.

Die Grundimmunisierung:

Bei der Grundimmunisierung werden die Core-Impfungen durchgeführt. Abhängig vom Alter des Hundes müssen die Impfungen zweimal oder dreimal erfolgen. Die erste Impfung wird im Alter von acht Wochen durchgeführt. Anschließend erfolgt eine weitere Impfung im Alter von 12 Wochen und eventuell eine dritte Impfung im Alter von 16 Wochen. Wenn Sie Ihre französische Bulldogge bei einem eingetragenen Züchter kaufen, erhält der Hund seine ersten Impfungen bereits dort.

Die Tollwutimpfung wird zwischen dem dritten und sechsten Lebensmonat vorgenommen. Auch diese Impfung muss für die Grundimmunisierung zwei Mal im Abstand von drei bis vier Wochen verabreicht werden.

Anschließend kann mit den Non-Core-Impfungen begonnen werden. Die Borreliose-Impfung ist für alle Hunde, die viel im Wald unterwegs sind, unbedingt erforderlich. Borrelien werden durch den Stich von Zecken übertragen. Ist Ihr Hund nicht geimpft, zeigt er einige Tage nach der Infektion Fieber, wechselnde Entzündungen der Gelenke, Lahmheiten und Müdigkeit. Die beim Menschen nach einer Infektion mit Borrelien gut sichtbare, kreisförmige Rötung der Haut ist beim Hund aufgrund des Fells kaum zu erkennen.

Wenn Sie mit Ihrem Hund Urlaub in südlichen Ländern machen, sollte dieser auch gegen Leishmaniose geimpft werden. Die Erkrankung wird durch Mücken und andere Stechfliegen übertragen und ist vor allem in Spanien und Mallorca weit verbreitet. Die erste Impfung kann erst in einem Lebensalter von sechs Monaten erfolgen. Für die Grundimmunisierung sind drei Impfungen erforderlich.

Zu den Non-Core-Impfungen zählt auch die Impfung gegen Zwingerhusten. Vor allem Hunde, die während des Urlaubs in einer Tierpension versorgt werden, sollten unbedingt auch gegen Zwingerhusten geimpft werden.

Eine Impfung gegen Tetanus kann nur sehr eingeschränkt empfohlen werden, da für Hunde derzeit kein zugelassener Impfstoff auf dem Markt erhältlich ist. Trotzdem ist die Impfung eines Hundes gegen Tetanus in letzter Zeit immer mehr in Mode gekommen. Für einen Stadthund bringt die Impfung keinerlei Vorteile. Stärker gefährdet sind nur Hunde, die sich den Großteil ihres Lebens in Pferdeställen aufhalten.

Die Impfungen müssen regelmäßig aufgefrischt werden

Damit ein gut belastbarer Schutz vor Viren vorhanden ist, müssen die Impfungen Ihrer französischen Bulldogge immer wieder aufgefrischt werden. Einen genauen Impfplan erhalten Sie bei Ihrem Tierarzt. Einige Impfungen müssen jährlich durchgeführt werden, andere nur alle zwei bis drei Jahre.

Welche Impfungen sind für eine Reise erforderlich?

Sie wollen mit Ihrem Hund außerhalb von Deutschland verreisen? Dann benötigt die französische Bulldogge dafür einen EU-Heimtierausweis, einen Chip und eine Tollwutimpfung. Die Kennzeichnung durch einen Chip mit einem Ländercode erfolgt bereits vor der Abgabe des Hundes durch den Züchter. Der EU-Heimtierausweis wird von Ihrem Tierarzt ausgestellt. Bei dem Ausweis handelt es sich um ein amtliches Dokument. Eintragungen dürfen nur durch einen Tierarzt vorgenommen werden.

Für den Grenzübertritt benötigt Ihre französische Bulldogge eine Tollwutimpfung, die mindestens ein Monat alt ist. Die Dauer der Gültigkeit der Tollwutimpfung ergibt sich aus dem Eintrag im EU-Heimtierausweis. Sie kann zwischen einem und drei Jahren liegen. Zusätzlich ist für die Reise in einige Länder beziehungsweise für die Rückkehr des Hundes nach Deutschland eine Untersuchung auf Tollwut-Antikörper vorgeschrieben. Ihrem Hund wird Blut abgenommen. Die Höhe des Antikörper-Titers wird in einem zertifizierten Labor bestimmt. Der Blutbefund muss ebenso wie der EU-Heimtierausweis bei einem Grenzübertritt vorgezeigt werden. Welche rechtlichen Bestimmungen für Ihre Urlaubsreise gelten, finden Sie unter:

https://www.hunde-urlaub.net/einreisebestimmungen/deutschland/

https://www.oeamtc.at/thema/reiseplanung/mit-dem-hund-auf-reisen-16182230

https://www.bmel.de/DE/themen/tiere/haus-und-zootiere/heimtiere-einreiseregelung.html

https://europa.eu/youreurope/citizens/travel/carry/animal-plant/index_de.html

https://www.zoll.de/DE/Privatpersonen/Reisen/Reisen-nach-Deutschland-aus-einem-nicht-eu-Staat/Einschraenkungen/Tiere-und-Pflanzen/Schutz-Tierseuchen/Regelungen-Heimtiere/regelungen-heimtiere.html

Parasiten

Hunde können sich immer wieder mit Ektoparasiten (Flöhe, Zecken) oder Endoparasiten (Würmer) infizieren. Einige Wurmarten können auch auf den Menschen übertragen werden.

Regelmäßige Behandlungen schützen Ihren Hund vor Würmern und anderen Parasiten.

Die wichtigsten Würmer:

- Spulwürmer
- Bandwürmer
- Hakenwürmer
- Lungenwürmer

Wie können Sie Würmer bei Ihrer französischen Bulldogge erkennen?

Spulwürmer sind längliche, graue Würmer, deren Oberfläche glatt ist. Die Enden der Würmer laufen spitz zu.

Die Eier von Bandwürmern werden mitsamt den Bandwurmgliedern ausgeschieden. Sie wandern teilweise aktiv aus dem After aus. Im Fell und auf dem Liegeplatz Ihres Hundes sind weiße Körner zu erkennen, die Reiskörnern ähneln. Durch den Juckreiz im Bereich des Afters rutscht der Hund immer wieder über den Boden.

Manchmal werden ausgewachsene Bandwürmer mit dem Kot ausgeschieden. Sie erkennen einen Bandwurm an der typischen Gliederung. Abhängig von der Art sind die Bandwürmer zwischen einem Zentimeter und mehreren Metern lang.

Lungenwürmer sind mit freiem Auge kaum zu sehen. Sie parasitieren in den Bronchien und verursachen bei dem Hund eine Bronchitis (Entzündung der Atemwege). Der Hund hustet ständig, die Atmung ist beeinträchtigt. Bei einem hochgradigen Befall mit Lungenwürmern kann nur mehr wenig Sauerstoff aufgenommen werden. Die Schleimhäute sind bläulich verfärbt.

Im Kot sind immer nur ganze Würmer oder Bandwurmglieder sichtbar. Die ausgeschiedenen Wurmeier sind mikroskopisch klein und mit freiem Auge nicht zu sehen. Haben Sie den Verdacht, dass Ihr Hund mit Würmern infiziert ist, können Sie eine Kotprobe sammeln und den Kot bei Ihrem Tierarzt untersuchen lassen.

Die wichtigsten Ektoparasiten:

- Hundefloh
- Auwaldzecke
- Gemeine Holzbock
- Braune Hundezecke

Wie können Sie einen Flohbefall bei Ihrem Hund erkennen?

Der Hundefloh ist ein kleiner, brauner Parasit, der bis zu vier Millimeter groß ist. Vor allem auf dem Land lebende Hunde leiden häufig unter einem Befall mit Hundeflöhen. Bei Stadthunden ist der Katzenfloh öfter zu finden. Die kleinen Parasiten laufen zwischen den Haaren des Hundes über die Haut und saugen Blut. Während des Saug-Akts werden Stoffe abgegeben, die die Blutgerinnung verhindern und starken Juckreiz auslösen. Reagiert der Hund allergisch auf den Flohspeichel, bildet sich eine starke Hautentzündung, die durch die Ansiedlung von Bakterien eitrig wird.

Da die Flöhe sehr klein sind und sich schnell bewegen, sind sie nicht so einfach mit dem freien Auge sichtbar. Um zu überprüfen, ob Ihr Hund von Flöhen befallen ist, können Sie einen einfachen Test durchführen:

Legen Sie weiße Küchenrolle oder Löschpapier unter Ihren Hund. Kämmen Sie mit einem Flohkamm die Haare im Bereich von Achseln, Innenschenkeln und Bauch gut durch. Wahrscheinlich fallen dunkle Punkte auf das Papier. Jetzt tropfen Sie etwas Wasser auf die Punkte. Lösen sich diese nicht auf, handelt es sich um normale Verschmutzungen.

Bilden sich in dem Wassertropfen rote Schlieren, handelt es sich um Flohkot. Flohkot ist verdautes Blut, das in Wasser gut löslich ist.

Wenn Sie einen Flohbefall feststellen, sollten Sie nicht nur die Flöhe bekämpfen. Flöhe sind Zwischenwirte von Bandwürmern. Ihre französische Bulldogge benötigt bei einem Flohbefall immer auch eine Wurmkur.

Ein Medikament gegen Flöhe kann als Spot-On oder in Form von Tabletten verabreicht werden.

Wie erkennen Sie einen Zeckenbefall?

Zecken lauern fast das ganze Jahr über auf Ihren Hund. Einige Zecken warten auf Grashalmen oder in Büschen, bis ein passender Wirt vorbeikommt. Andere Parasiten wie die Auwaldzecke begeben sich aktiv auf die Jagd nach Wirtstieren.

Zecken können gefährliche Krankheitserreger übertragen. Suchen Sie deshalb nach jedem Spaziergang das Fell und die Haut Ihres Hundes nach Zecken ab. Entfernen Sie die lästigen Parasiten immer sofort, da die Krankheitserreger erst nach sechs Stunden Blutmahlzeit auf den Hund übertragen werden.

Bei dem Stich überträgt die Zecke einen betäubenden Stoff in die Haut des Hundes. Dadurch bemerkt dieser die entstehende Entzündung nicht sofort, sondern reagiert erst nach einigen Stunden mit Juckreiz.

Schützen Sie Ihre französische Bulldogge vor allem in den Monaten März bis Oktober durch ein Spot-On oder Tabletten vor einem Befall mit Zecken.

Wie entfernen Sie Zecken richtig?

Wenn sich eine Zecke an Ihrem Hund festgesaugt hat, muss diese schnell entfernt werden. Dazu können Sie verschiedene Hilfsmittel einsetzen: Zeckenzangen, Zeckenhaken oder Zeckenschlingen helfen, die Zecke zu fixieren. Ziehen Sie die fixierte Zecke anschließend vorsichtig heraus. Drehen Sie die Zecke nicht heraus, da durch diesen Vorgang eine höhere Wahrscheinlichkeit besteht, dass der Kopf der Zecke abreißt und in der Haut stecken bleibt. Träufeln Sie kein Öl auf die Zecke. Während des Erstickens gibt der Parasit Krankheitserreger an Ihren Hund ab.

Wenn Sie die Zecke sicher entfernt haben, sollten Sie diese zwischen zwei Papierstücken zerdrücken. Spülen Sie die Zecke nicht in den Abfluss. Zecken sind ausgezeichnete Schwimmer und Taucher. Sie können bis zu 20 Minuten lang unter Wasser überleben.

Hyalomma marginatum

Die Zecke, die zu den Schildzecken gehört, war ursprünglich in Ländern mit tropischem Klima beheimatet. Seit 2018 ist der Parasit aufgrund des Klimawandels auch in Deutschland anzutreffen. Die milderen Winter ermöglichen es dieser Zeckenart zu überleben. Die Schildzecken übertragen Fleckfieber und Krim-Kongo-Fieber. Auch Rickettsien, die Entzündungen des Herzmuskels und Fieber verursachen, können von der subtropischen Zeckenart übertragen werden. In Österreich wurde bereits 2018 eine mit Rickettsien infizierte Zecke nachgewiesen.

Warum regelmäßige Entwurmungen wichtig sind

Würmer setzen sich im Darmtrakt des Hundes fest. Teilweise verbeißen sie sich in der Schleimhaut und saugen Blut. Frei im Darm lebende Wurmarten ernähren sich von Bestandteilen des Futterbreis. Sie entziehen dem Hund wertvolle Nährstoffe. Die Würmer reizen die Schleimhaut des Darms und verursachen Übelkeit, Erbrechen und Durchfall. Der Hund verliert Flüssigkeit, trocknet aus. Das Fell ist struppig, der Hund magert ab.

Durch regelmäßige Wurmkuren kann die Wahrscheinlichkeit, dass sich ein Hund mit Würmern infiziert ist, gesenkt werden. Das Wurmmittel wirkt allerdings nur gegen die ausgewachsenen Würmer im Darm. Entwicklungsstadien, die sich während der Körperwanderung in der Leber oder der Lunge befinden, werden durch das Wurmmittel nicht abgetötet.

Mit der Zeit entwickeln die Würmer Resistenzen gegen das Wurmmittel. Die Würmer, die durch die Behandlung nicht abgetötet werden, vermehren sich im Körper des Hundes weiter. Daher sollte nach Rücksprache mit einem Tierarzt eine selektive Entwurmung durchgeführt werden. Eine gute Alternative zu regelmäßigen Wurmkuren stellen auch Kotuntersuchungen dar. Der Kot des Hundes wird drei Tage lang gesammelt und anschließend in einem Labor auf Wurmeier untersucht.

Wird eine Infektion mit Würmern nachgewiesen oder zeigt Ihr Hund entsprechende Symptome, muss auf alle Fälle eine Wurmbehandlung durchgeführt werden.

Der vorbeugende Schutz gegen Flöhe und Zecken

Flöhe und Zecken können verschiedene Krankheiten übertragen:

- Bandwürmer
- Borreliose
- Babesiose
- Anaplasmose
- Ehrlichiose

Teilweise verursachen diese Erkrankungen schwere Folgeschäden und beeinträchtigen die Lebensqualität Ihres Hundes für den Rest seines Lebens. Die Babesiose und Anaplasmose können durch die Zerstörung der Blutkörperchen auch tödlich verlaufen.

Um Ihren Hund zu schützen, erhalten Sie in der Apotheke oder bei Ihrem Tierarzt Spot-On Präparate, die alle drei bis vier Wochen auf die Haut getropft werden. Eine Alternative dazu sind Tabletten, die alle drei Monate verabreicht werden müssen.

Durch eine gute Prophylaxe schützen Sie Ihre französische Bulldogge vor Parasiten und den von diesen übertragenen Krankheiten.

Bekämpfung von Würmern, Flöhen und Zecken mit natürlichen Mitteln

Zur Bekämpfung der Parasiten können auch natürliche Mittel angewendet werden. Kräuter, geriebene Karotten oder Kokosflocken enthalten Substanzen, die verhindern, dass sich Würmer im Darm festsetzen können. Kokosöl, Schwarzapfelöl oder Bernsteinketten werden für die Bekämpfung von Flöhen und Zecken eingesetzt. Die natürlichen Mittel wirken nicht so stark und sicher wie Medikamente. Sie sollten eher vorbeugend eingesetzt werden. Bei Flöhen besteht ein weiteres Problem: Die Flöhe befinden sich nur kurz zum Saugen von Blut auf dem Hund. Anschließend lassen sie sich zu Boden fallen und legen in der Wohnung in dunklen Ritzen ihre Eier ab. Schnell kommt es zu einer explosionsartigen Vermehrung der Parasiten. Während mit den meisten Medikamenten auch die Nachkommenschaft der Flöhe bekämpft wird, sind die natürlichen Mittel dazu nicht in der Lage.

Ein jährlicher Check-up ist wichtig

Einmal jährlich sollte Ihre französische Bulldogge von einem Tierarzt untersucht werden. Bei diesem Termin können die notwendigen Vorsorgeuntersuchungen und auch benötigte Impfungen durchgeführt werden.

Die klinische Untersuchung beinhaltet auch eine Untersuchung der Zähne. Werden Zahnstein und Zahnbeläge rechtzeitig entfernt, können eine Entzündung des Zahnfleischs und Schäden an der Zahnwurzel vermieden werden. Das Gebiss Ihres Hundes bleibt länger gesund.

Müssen Sie mit der französischen Bulldogge immer sofort einen Tierarzt aufsuchen?

Natürlich müssen Sie mit Ihrer französischen Bulldogge bei leichtem Durchfall oder kurzzeitigem Erbrechen nicht immer sofort einen Tierarzt aufsuchen. Hat der Hund etwas Schlechtes und Unverträgliches gefressen, reagiert sein Körper mit Erbrechen und Durchfall. Dabei handelt es sich um einen natürlichen Schutzmechanismus. Der Hund versucht, durch Erbrechen und Durchfall schädliche Stoffe schnell aus dem Körper zu entfernen. Ist das Allgemeinbefinden des Hundes nicht verändert, können Sie ihn mit Schonkost füttern. Achten Sie darauf, dass der Hund ausreichend Wasser trinkt. Hält der Durchfall über mehrere Tage an, sollte der Bully von einem Tierarzt untersucht werden.

Wann Sie einen Tierarzt aufsuchen sollten:

- Fieber
- Der Hund ist müde und spielt nicht.
- Der Hund will sich nicht bewegen.
- Der Hund äußert Schmerzen.
- Verdacht auf einen Kontakt mit Gift

Futterergänzungsmittel und Medikamente

Auch wenn Sie auf eine gesunde und tiergerechte Ernährung Ihrer französischen Bulldogge achten, benötigen Sie einige Futterergänzungsmittel. Dazu gehören hochwertige Öle aus Pflanzen oder Fischen, Eierschalenmehl für eine gute Versorgung mit Kalzium, Hagebuttenpulver als Vitamin-C-Lieferant und Bierhefe für ein schönes, glänzendes Fell. Verwenden Sie immer Futterergänzungsmittel. Nahrungsergänzungsmittel, die für Menschen bestimmt sind, sind durch ihre auf den Menschen abgestimmte Zusammensetzung für Hunde nicht geeignet.

Immer wieder einmal kann es vorkommen, dass Ihre französische Bulldogge ein Medikament benötigt. Sei es eine Entwurmung oder eine Tablette im Krankheitsfall. Der Hund verweigert die Einnahme? Dann können Sie folgende Tricks anwenden:

1. Lassen Sie sich von Ihrem Tierarzt beraten, ob das Medikament auch in flüssiger Form zugelassen ist. Vielleicht können Sie die Tablette auch auflösen und dem Hund mit einer Spritze eingeben.

2. Zerkleinern Sie die Tablette und mischen Sie diese gut unter das Futter. Unterschätzen Sie dabei nie die Intelligenz der französischen Bulldogge. Wenn Sie der Hund dabei beobachtet, wie Sie die Tablette in das Futter mischen, könnte der Hund das ganze Futter verweigern.

3. Verstecken Sie die Tablette in einer Belohnung. Die französische Bulldogge ist sehr verfressen. Sie wird sich sofort auf das angebotene Leckerchen stürzen. Auch hier sollten Sie Ihren Hund nicht unterschätzen. Geben Sie ihm abwechselnd Leckerchen mit und ohne Tablette, damit er nicht durchschaut, wo das Medikament versteckt ist.

4. Beginnen Sie schon beim Welpen mit einem Training. Üben Sie mit dem Hund das Öffnen des Mundes. Dann können Sie später die Tabletten einfacher eingeben.

5. Verwenden Sie Eingabehilfen für Tabletten.

6. Im Notfall können Sie die Tablette auch direkt mit den Fingern eingeben. Wenden Sie dabei nie Gewalt an, um das Vertrauen des Hundes nicht zu zerstören. Die direkte Eingabe sollte immer nur dann erfolgen, wenn die Eingabe über das Futter oder Leckerchen nicht funktioniert hat.

Verabreichen Sie Medikamente nur nach Rücksprache mit einem Tierarzt. Viele Arzneimittel haben auch Nebenwirkungen. Daher sollte jedes Medikament individuell für Ihren Hund dosiert werden.

Medikamente für Menschen sind für Hunde oft nicht geeignet, da diese sich im Körper anders verhalten. Lassen Sie sich von Ihrem Tierarzt bezüglich des richtigen Medikaments beraten. Einige Medikamente können bei Hunden auch allergische Reaktionen und Spätschäden an Nieren und Leber verursachen.

Wenn Sie Ihren Hund mit Kräutern selbst therapieren, sollten Sie Ihren Tierarzt vor der Eingabe eines Arzneimittels über diese Therapie informieren. Viele Kräuter haben Wechselwirkungen mit Medikamenten und beeinträchtigen deren Wirkung.

Die richtige Erziehung und Förderung einer französischen Bulldogge

Auch wenn die französische Bulldogge zu den kleinen Hunderassen zählt, muss sie gut erzogen werden, damit sie der ideale Familienhund ist. Lassen Sie sich nicht zu sehr von den süßen Kulleraugen beeindrucken. Bleiben Sie konsequent und erziehen Sie Ihre französische Bulldogge liebevoll und geduldig.

Die Basiserziehung

Mit der Basiserziehung sollten Sie schon früh beginnen. Auch wenn Welpen nur eine sehr kurze Aufmerksamkeitsspanne besitzen, ist jetzt der ideale Zeitpunkt, um mit der Erziehung zu beginnen. Der Charakter des Hundes ist noch nicht ausgebildet und kann einfacher geformt werden.

Am Anfang jeder Beziehung sollte der Aufbau einer Bindung zwischen Ihnen und Ihrer französischen Bulldogge stehen. Nur eine vertrauensvolle und liebevolle Bindung ermöglicht es Ihnen, Ihren Hund zu erziehen und ihm in allen Situationen zur Seite zu stehen.

Der Aufbau einer Bindung

Sie haben die Möglichkeit, Ihren Welpen schon früh beim Züchter zu besuchen? Dann nutzen Sie diese Möglichkeit unbedingt! Sie lernen den Hund noch während der Prägungsphase kennen und können schon die ersten Grundzüge seines Charakters einschätzen. Der Welpe hat dadurch auch die Gelegenheit, seine neue Familie kennenzulernen. Ist dann der Tag der Trennung von der Mutter und den Geschwistern gekommen, muss der Welpe nicht in eine völlig unbekannte Zukunft starten, sondern hat eine bereits bekannte und vertraute Person an seiner Seite.

Ab der vierten oder fünften Lebenswoche ist auch der richtige Zeitpunkt, die französische Bulldogge mit anderen Tieren bekannt zu machen. Sind in dem neuen Haushalt noch andere Tiere vorhanden, kann der Welpe jetzt optimal darauf vorbereitet werden. Später treten beim Zusammenleben weniger Probleme auf.

In der neuen Wohnung angekommen, muss sich der Welpe erst einmal alles genau ansehen. Er wird herumlaufen, schnüffeln und viele Dinge in den Mund nehmen, um diese zu untersuchen. Sprechen Sie den Welpen in dieser Zeit immer wieder mit seinem Namen an, damit er sich auch mit Ihrer Stimme vertraut machen kann.

Sobald sich die kleine französische Bulldogge entspannt hat, können Sie schon die ersten Spiele veranstalten, um zwischen Ihnen und dem Hund eine Bindung aufzubauen. Achten Sie dabei darauf, dass Sie sich immer auf Augenhöhe mit dem kleinen Hund befinden. Große Riesen, die sich über den Hund beugen, wirken nicht gerade vertrauensvoll. Setzen Sie sich also bei solchen Spielen immer zu Ihrem Welpen auf den Boden.

Machen Sie den Welpen mit Ihrer Hand vertraut

Welpen sind von Natur aus neugierig. Die französische Bulldogge ist besonders neugierig und an den Vorgängen in ihrer Umgebung interessiert. Setzen Sie sich auf den Boden und strecken Sie Ihre Hand in Richtung des Welpen. Legen Sie ein Leckerchen auf Ihre Hand und warten Sie einfach ab. Der Hund wird den Geruch sofort wahrnehmen und zu Ihrer Hand laufen. Ist der Welpe von seiner neuen Umgebung noch zu abgelenkt, lassen Sie ihm Zeit. Auch wenn es nicht gleich funktioniert, ist der Hund an Ihnen interessiert. Sie können seine Aufmerksamkeit noch zusätzlich auf Sie lenken, in dem Sie immer wieder seinen Namen rufen.

Als Alternative zu dem Leckerchen können Sie Ihrem Hund auch Streicheleinheiten anbieten. Die verschmuste französische Bulldogge wird diese genauso als Belohnung akzeptieren.

Hat sich der Hund nach ein bis zwei Tagen bei Ihnen eingelebt und verhält er sich in der Wohnung völlig entspannt, können Sie mit dem Augenspiel beginnen.

Durch Anschauen entsteht Vertrauen

Hunde schauen Ihren Artgenossen nie direkt in die Augen. Starren gilt nicht nur als unhöflich, sondern wird vom Gegenüber als Angriff gewertet. Wie viel Vertrauen muss der Welpe also zu Ihnen haben, wenn er direkt in Ihre Augen schaut?

Halten Sie in Ihrer Hand ein Leckerchen und rufen Sie den kleinen Hund zu sich. Sobald sich die französische

Bulldogge auf Sie konzentriert, zeigen Sie ihr das Leckerchen und verstecken es hinter Ihrem Rücken. Rufen Sie den Hund noch einmal. Schaut er sie an, erhält er sofort das Leckerchen.

Durch Wiederholungen lernt Ihr Hund, dass ein Augenkontakt erwünscht ist. Da er die Belohnung haben möchte, wird er Ihnen schnell in die Augen schauen. Mit der Zeit hat der Welpe gelernt, dass er durch einen bettelnden Blick viel erreichen kann. Das ist leider der Nachteil dieses Trainings. Jetzt müssen Sie stark und konsequent bleiben. Überfüttern Sie Ihren Hund nicht mit Leckerchen. Auch Welpen kleiner Hunderassen können schon Übergewicht entwickeln.

Sie sollten Ihrer französischen Bulldogge bereits im Welpenalter deutlich machen, dass bei Tisch nicht gebettelt werden darf. Ignorieren Sie daher alle Versuche des Welpen, die Übung auch dann fortzusetzen, wenn Sie mit der Familie gerade essen. Sonst haben Sie später einen Hund, der ständig bettelt und im Restaurant auch bei anderen Gästen sein Glück versucht.

Warum gemeinsames Training und Spielen so wichtig sind

Gemeinsame Unternehmungen verstärken das Gefühl der Zusammengehörigkeit. Vor allem gemeinsame Erfolgserlebnisse sind besonders wichtig. Die französische Bulldogge ist ein sehr sensibler und empathischer Hund. Sie spürt genau, was der Halter erwartet und wann er zufrieden ist. Dementsprechend ist der Hund bemüht, seine Aufgaben gut zu erfüllen. Ist der Mensch glücklich und zufrieden, ist es auch die französische Bulldogge.

Die gemeinsamen Erfolge beim Training und der Erziehung bedeuten für die französische Bulldogge auch Zuwendung und Beachtung. Und nichts wünscht sich der Bully von seiner Familie mehr als geschätzt, beachtet und geliebt zu werden. Hat er das Gefühl, zu kurz zu kommen, wird er die seiner Meinung nach fällige Zuneigung vehement einfordern.

Durch Spielen und spielerisches Training lernt die französische Bulldogge, sich in der Familie und bei anderen Menschen richtig zu verhalten. Der Hund kann bei den Spielen verschiedene Verhaltensweisen ausprobieren und diese später anwenden. Durch die Erfolgserlebnisse und die anschließende Belohnung werden die Programme im Gehirn fest verankert. Mit einiger Übung wird sich Ihr Hund schließlich in allen Situationen korrekt verhalten können.

Spielen ist in der Natur ein wichtiger Vorgang. Junge Tiere lernen durch Spielen ihre Umgebung besser kennen. Die Jagd wird spielerisch erlernt, in dem die Mutter kleine lebende Beutetiere bis vor den Bau bringt und sie den Jungtieren überlässt. Aber auch erwachsene Tiere spielen immer wieder. Teils dient dieser Vorgang einfach der Unterhaltung und der Vermeidung von Langeweile. Teilweise werden durch das Spielen Stress und Erregung abgebaut.

Ebenso wie für andere Tiere ist es auch für Ihre französische Bulldogge wichtig, während ihres ganzen Lebens zu spielen und zu lernen. Sie hat dazu noch besser Gelegenheit als ihre frei und wild lebenden Verwandten, da sie sich nicht um Futter, Wasser und Unterkunft kümmern muss.

Gibt es bei der Erziehung Unterschiede zwischen den Hunderassen?

Die Grundlagen der Basiserziehung sind für alle Hunderassen gültig und führen, konsequent angewendet, immer zum Erfolg. Natürlich haben alle Hunde einen unterschiedlichen Charakter. Bei einigen Hunderassen ist der Jagdtrieb stark ausgeprägt, andere Hunde schwimmen gerne, apportieren oder lernen gerne beim Hundesport.

Auch bei der französischen Bulldogge müssen bei der Erziehung verschiedene Dinge berücksichtigt werden. Da die Atmung des Hundes durch das brachyzephalen Syndrom beeinträchtigt ist, dürfen keine kräfteraubenden und anstrengenden Übungen durchgeführt werden. Der Bully benötigt während des Trainings längere Entspannungspausen als andere Hunde, damit es durch die schlechte Thermoregulation nicht zu einer Überhitzung kommt. Wilde Zerrspiele sollten wegen des Unterbisses und der empfindlichen Zähne nicht durchgeführt werden.

Für die Erziehung der französischen Bulldogge kann der starke Spieltrieb gut genutzt werden. Das spielerische Erlernen von Kommandos fällt den intelligenten Hunden leicht. Da die Bullys auch stur sind und gerne ihren Kopf durchsetzen, muss die Erziehung liebevoll und mit Konsequenz erfolgen. Auf Strafen oder laute Worte reagieren die französischen Bulldoggen besonders empfindlich. Sie verweigern dann schnell das gesamte Training, verlieren das Vertrauen und ziehen sich zurück.

Hunde sollten generell mit Belohnung und nicht durch Strafen erzogen werden. Positive Verstärkung bestimmter Verhaltensweisen lässt den Hund schneller lernen als eine negative Verknüpfung.

Da die französische Bulldogge sehr gerne spielt, kann die Belohnung bei der Erziehung auch durch ein Spiel mit dem Lieblingsspielzeug erfolgen. Das hat den Vorteil, dass der Hund nicht zu viele Leckerchen erhält und dadurch Übergewicht entwickelt. Auch Streicheleinheiten sind immer willkommen.

Französische Bulldoggen sind sehr liebevolle und anhängliche Hunde. Mit ihnen macht Erziehung Spaß, auch wenn es manchmal mühsam sein kann, die Übungen immer wieder zu wiederholen. Aber denken Sie daran: Auch bei den Hunden ist noch kein Meister vom Himmel gefallen.

Mit der richtigen Erziehung schaffen Sie nicht nur eine Grundlage für das spätere Verhalten des Hundes. Sie legen auch die Stellung des Bullys innerhalb der Familie fest. Nur wenn der Frenchie akzeptiert, dass Sie der Rudelführer sind und er sich Ihnen und den anderen Familienmitgliedern unterzuordnen und anzupassen hat, ist ein reibungsloses Zusammenleben möglich.

Sind Hunde ohne Regeln glücklichere Hunde?

Hier geht es der französischen Bulldogge wie allen anderen Hunden. Nicht jeder ist zum Rudelführer geboren, auch nicht die kleinen Napoleons. Drängen Sie Ihrem Hund nicht die Führerrolle auf. Auch wenn der Bully noch so süß ist, möchte er nicht unbedingt die Verantwortung übernehmen. Klare Regeln, die von allen Familienmitgliedern eingehalten werden, vermitteln Ihrem Hund Sicherheit und Geborgenheit. Er kann sich entspannen und muss weder Zuhause noch auf Spaziergängen vermehrt auf Gefahren achten und für deren Beseitigung sorgen. Und ein entspannter und sich sicher fühlender Hund ist auch ein glücklicher Hund.

Da die französische Bulldogge sehr intelligent und sensibel ist, müssen die Regeln auch sinnvoll sein. Ungerechtigkeiten durchschaut der kleine Hund sehr schnell. Er wird dagegen aufbegehren. Aber sonst ist der Bully bereit, alles zu tun, um seinem Menschen zu gefallen.

Bezugsperson oder Lieblingsmensch

Natürlich ist es ideal, wenn Sie die wichtigste Bezugsperson und gleichzeitig auch der Lieblingsmensch des Hundes sind. Das ist aber nicht immer der Fall. Bezugsperson ist der Rudelführer. Er trifft die Anordnungen, an die sich alle zu halten haben. Auch wenn Sie Ihrem Hund das Futter zuteilen, Leckerchen geben, mit ihm spielen und spazieren gehen, müssen Sie nicht automatisch auch der Lieblingsmensch sein. Vielleicht gibt es eine Ressource, der der Hund einen höheren Stellenwert einräumt. Diese muss Ihnen nicht wichtig erscheinen, ist es aber für Ihren Bully. Stellt ein anderer Mensch diese Ressource vermehrt zur Verfügung, wird er von der französischen Bulldogge zu dem Lieblingsmenschen gewählt. Das heißt aber nicht, dass Sie von Ihrem Hund nicht geliebt werden. Er verteilt seine Liebe nur an mehrere Personen. Eifersucht muss also nicht aufkommen.

Die französische Bulldogge: eine besonders gelehrige Hunderasse

Die französische Bulldogge ist trotz der angeborenen Sturheit einfacher zu erziehen als andere Hunderassen, wie zum Beispiel Dackel oder Terrier. Sie ist immer bemüht, ihrem Halter zu gefallen. Hauptsache, der Hund erhält dafür Zuwendung, Streicheleinheiten und Liebe. Gerne lernt der Bully nicht nur als Welpe, sondern auch als erwachsener

Hund. Neue Dinge sind schließlich immer interessant und eröffnen auch neue Beschäftigungsmöglichkeiten. Der Spieltrieb bleibt bis ins hohe Alter hinein erhalten. Auch wenn der Hund mit seinen kurzen Beinchen nicht so schnell ist wie andere Hunde, macht spielerische Erziehung mit dem fröhlichen und gelehrigen Bully immer Spaß.

Die elf wichtigsten Regeln bei der Erziehung einer französischen Bulldogge:

- Training ist immer möglich. Auch erwachsene Bullys lernen noch gerne.
- Erziehung hängt immer auch mit Beziehung zusammen.
- Gemeinsames Training muss immer auch gemeinsamer Spaß und Erfolg sein.
- Stress und Zeitdruck haben beim Training nichts zu suchen.
- Mensch und Hund müssen eindeutige Signale aussenden. Die Körpersprache wird von beiden Teilen beachtet.
- Liebe, Konsequenz und Disziplin sind die Grundlage jeder Erziehung.
- Belohnung verstärkt das Erfolgserlebnis.
- Kurzes tägliches Training ist besser als ein langes Auspowern.
- Das Training muss individuell an die französische Bulldogge angepasst werden.
- In der Trainingsumgebung sollen nicht viele Ablenkungen vorhanden sein. Die Hundewiese mit Artgenossen ist für ein Training nicht geeignet.
- Achten Sie auf das richtige Timing beim Training.

Die Körpersprache des Hundes verstehen und deuten

Körpersprache ist bei Hunden und Menschen gleichermaßen wichtig. Durch die Selektion bei der Zucht wurde der Körper der Hunde ständig verändert. Viele Kommunikationsmöglichkeiten sind nur mit Einschränkungen möglich. Gerade die französische Bulldogge hat durch ihren runden, verkürzten Schädel und die kurze Rute manchmal Probleme, sich zu verständigen. Auch die leicht hervorquellenden Augen tragen nicht gerade zu einer deutlichen Mimik bei. Missverständnisse mit anderen Hunden und Menschen treten daher schnell auf.

Denken Sie immer daran: Ihr Hund beobachtet Ihre Körpersprache ebenso, wie Sie seine Körperhaltung und Mimik beobachten. Der sensible Bully nimmt jedes Augenzwinkern wahr und reagiert dementsprechend. Nichts passiert ohne Grund.

Trotzdem können Sie aus der Körperhaltung der französischen Bulldogge ablesen, wie Ihr Hund sich gerade fühlt.

Calming Signals sollten beim Training immer beachtet werden

Calming Signals dienen dazu, den Frieden im Hunderudel zu erhalten. Die Signale vermitteln dem ranghöheren Hund, dass seine Stellung anerkannt wird und der unterlegene Hund bereit ist, sich zu unterwerfen. Sendet Ihre französische Bulldogge während des Trainings Calming Signals aus, ist sie überfordert und gestresst. Der Hund versucht, Ihnen mit diesen Signalen zu vermitteln, dass er die Situation beenden möchte.

Was sind Calming Signals?

- Der direkte Blickkontakt wird vermieden.
- Der Kopf wird zur Seite gedreht.
- Mit der Zunge werden die Lefzen und der Nasenspiegel beleckt.
- Der Bully setzt sich oder legt sich auf den Rücken.
- Eine Vorderpfote wird angehoben.
- Die kurze Rute bewegt sich langsam.
- Der Bully verhält sich wie ein Welpe.
- Ausgiebiges Schnüffeln am Boden
- Laufen eines weiten Bogens

Sollten Sie eines der Calming Signals während des Trainings bemerken, reagieren Sie bitte immer sofort. Beenden Sie die Situation, die den Stress verursacht. Sorgen Sie durch Ablenkung für eine Entspannung der Situation. Setzen Sie das Training nur fort, wenn die Erregung des Bullys sich wieder auf ein normales Maß reduziert hat.

Aber nicht nur Calming Signals sind für die Kommunikation zwischen Ihnen und der französischen Bulldogge von Bedeutung. Die Stellung der Ohren, die Weite der Pupillen, das Haarkleid – alles muss beachtet werden, damit Sie erkennen können, wie sich Ihr Hund fühlt.

Die französische Bulldogge ist glücklich und fühlt sich wohl

Ihr Bully tobt ausgelassen herum und fordert Sie zum Spielen auf. Die Ohren sind aufgerichtet, der Körper ist entspannt. Eventuell bewegt sich die Rute schnell nach beiden Seiten. Um die Spielaufforderung noch deutlicher zu machen, streckt der Hund die Vorderpfoten und legt den Brustkorb auf den Boden. Die Hinterbeine sind dabei aufrecht und gestreckt.

Entspannung im Körbchen wird dadurch gezeigt, dass der Bully gemütlich und ausgestreckt auf seinem Kissen liegt. Die Augen sind geschlossen und der Hund schnarcht vor sich hin. Trotzdem kann die französische Bulldogge jederzeit interessante Geräusche wahrnehmen und darauf reagieren.

Die französische Bulldogge ist ängstlich

Der Hund duckt sich und versucht möglichst, wenig sichtbar zu sein. Die Ohren sind nach unten geklappt und eng an den Körper angelegt. Der Kopf ist nach unten gerichtet und zur Brust hin abgesenkt. Kann der Hund der bedrohlichen Situation nicht entkommen, sendet er zusätzlich Calming Signals (s. oben) aus.

Die französische Bulldogge ist verärgert

Ihr Hund fühlt sich bedroht, will sich aber nicht unterwerfen. Dann wird er ein Imponierverhalten ausführen. Die Haare werden gesträubt, die Beine sind durchgestreckt. Der Kopf mit den aufgerichteten Ohren wird nach vorne gestreckt. Eventuell bellt die französische Bulldogge laut. Um noch bedrohlicher zu erscheinen, springt der Hund ein kurzes Stück nach vorne. Jetzt sollten Sie Abstand halten und den Bully nicht noch weiter herausfordern.

Die französische Bulldogge ist gestresst

Ist der Bully gestresst, setzt er sich einfach hin. Dieses Verhalten kann gut bei Hundewelpen beobachtet werden, die durch unbekannte Geräusche oder Situationen verunsichert sind. Um die durch den Stress entstandene Erregung abzubauen, setzt der Hund eine Übersprungshandlung: Er beginnt, sich am Hals oder hinter den Ohren zu kratzen.

Die französische Bulldogge ist freundlich

Eine freundliche Stimmung wird durch einen leicht gebogenen Körper und die Herstellung eines direkten Blickkontakts ausgedrückt. Der Hund nähert sich entspannt. Die Ohren sind aufgerichtet oder leicht zur Seite geklappt. Mit dem Wedeln des Stummelschwanzes und durch Hochspringen macht der Hund deutlich, dass er einen näheren Kontakt wünscht.

Die französische Bulldogge ist hungrig

Diese Situation entspricht bei einem Bully der Normalität. Der Hund ist immer hungrig und verlangt nach Futter. Dazu setzt er sich direkt vor Sie und schaut Sie mit den treuherzigen Augen an. Jetzt müssen Sie hart und konsequent bleiben. Geben Sie dem Verlangen des Hundes nicht nach. Sonst entwickelt der Bully Übergewicht. Satt wird er sowieso nie. Hat der Bully mit dem Betteln Erfolg, wird er beim nächsten Mal noch aufdringlicher sein. Er berührt

Ihr Bein mit seiner Pfote oder setzt sich direkt neben den Tisch und bellt immer wieder herausfordernd.

Die französische Bulldogge ist neugierig

Neugierde ist einer der grundlegenden Wesenszüge der französischen Bulldoggen. Die Augen sind weit geöffnet. Der Kopf wird zu einer Seite geneigt. Bei einem unbekannten Geräusch dreht der Hund die Ohrmuscheln leicht, um das Geräusch zu lokalisieren.

Die französische Bulldogge ist überglücklich

Ihr Bully musste kurze Zeit alleine bleiben. Da genügen schon wenige Minuten – und bei Ihrer Rückkehr ist ein ausgiebiges Begrüßungsritual angesagt. Der Stummelschwanz bewegt sich lebhaft hin und her. Die französische Bulldogge wird versuchen, an Ihnen hochzuspringen. Der ganze Hundekörper wackelt und zittert vor freudiger Erregung.

Streichle doch weiter, das tut so gut

Die französische Bulldogge zeigt Ihnen deutlich, wie angenehm die Streicheleinheiten für sie sind. Sie streckt den Kopf, eventuell schaut die Zunge zwischen den Vorderzähnen ein Stück heraus. Der Körper drängt sich gegen die streichelnde Hand. Wenn Sie die Streicheleinheit beenden, wird mit dem Auflegen einer Vorderpfote ausdrücklich eine Fortsetzung der Aktion gefordert.

Mir kommt etwas Unheimliches entgegen

Auf dem Spaziergang begegnet Ihre französische Bulldogge vielleicht einem unbekannten Artgenossen. Passt der Geruch nicht, oder ist der Bully durch das Verhalten des anderen Hundes irritiert, wird er beginnen, unmotiviert am Boden zu schnüffeln. Geben Sie Ihrem Hund in diesem Fall auch an der Leine die Möglichkeit, einen Bogen zu schlagen. Versuchen Sie nicht, direkt auf den anderen Hund zuzugehen. Geben Sie Ihrem Bully die Möglichkeit, die Situation durch Ausweichen zu entschärfen.

Grundlegende Befehle erlernen

Damit das Zusammenleben mit der französischen Bulldogge reibungslos funktioniert, ist es wichtig, dass der Hund grundlegende Befehle beherrscht. Nur ein gut erzogener Hund ist ein überall willkommener Begleiter.

Belohnung ist wichtig

Jeder erfolgreiche Schritt beim Training muss belohnt werden. Damit die französische Bulldogge die Handlung mit der Belohnung verknüpfen kann, muss die Belohnung innerhalb von ein bis zwei Sekunden erfolgen. Welche Belohnung der Bully erhält, ist von den persönlichen Vorlieben des Hundes abhängig.

Als Belohnung kann eingesetzt werden:

- Leckerchen
- Spiel mit dem Lieblingsspielzeug
- Kuscheleinheiten
- ein Hundeverhalten ausüben dürfen: zum Beispiel buddeln

Durch die Belohnung wird das Verhalten positiv verstärkt. Die französische Bulldogge hat durch das Ausführen des erwünschten Verhaltens einen Vorteil. Wird gleichzeitig unerwünschtes Verhalten ignoriert und nicht belohnt, scheint dieses Verhalten dem Bully sinnlos. Er hat schließlich nichts davon. Warum also Energie verschwenden? Die französische Bulldogge wird immer öfter das erwünschte Verhalten ausführen und das unerwünschte Verhalten unterlassen.

Sitz

Bei dem Befehl Sitz soll der Hund ruhig sitzen bleiben. Es ist ihm nicht erlaubt, aufzustehen und herumzulaufen. Das Kommando kann mit einem Wortbefehl oder einem Handzeichen erteilt werden. Handzeichen müssen immer deutlich ausgeführt werden, damit sie für den Hund gut sichtbar sind. Soll ein Handzeichen auch über eine weitere Entfernung von dem Hund wahrgenommen und befolgt werden, müssen die Hände bewegt werden. Ruhende Gegenstände sind für einen Hund auf größere Entfernungen nicht sichtbar.

Beginnen wir nun mit der ersten Übung. Der Befehl Sitz kann schon im Welpenalter trainiert werden. Sie erinnern sich: Ein Welpe hat ebenso wie ein Kleinkind nur eine sehr kurze Aufmerksamkeitsspanne. Es macht keinen Sinn, mit dem Hund lange zu üben. Dadurch wird nur Stress erzeugt. Besser ist es, die Übung noch einmal zu wiederholen und dann für Entspannung durch Streicheleinheiten oder ein lustiges Spiel zu sorgen.

Ihr Welpe reagiert bereits auf seinen Namen? Dann rufen Sie ihn für das Training zu sich. Zeigen Sie dem Welpen ein Stück Futter. Lassen Sie ihn daran riechen, fressen darf er es noch nicht. Jetzt bewegen Sie die Hand langsam nach oben. Die französische Bulldogge möchte die Belohnung nicht aus den Augen verlieren. Da sie den Kopf nicht weit genug nach hinten legen kann, setzt sie sich. In diesem Moment sagen Sie Sitz und geben dem Welpen die Belohnung. Führen Sie diese Übung nach einer längeren Pause wieder durch.

Probieren Sie aus, ob der Hund das Kommando mit der Handlung verknüpft hat. Sagen Sie in einem Moment, in dem sich der Welpe auf Sie konzentriert, Sitz. Setzt sich der Welpe, erhält er sofort seine Belohnung. Jetzt ist es an der Zeit, ein zusätzliches Handzeichen einzuführen. Handzeichen sind wichtig, wenn Sie einen Befehl in einer lauten Umgebung geben wollen oder der Hund aufgrund seines Alters nur mehr eingeschränkt hört.

Das Handzeichen für Sitz sieht folgendermaßen aus: Die Hand wird nach oben gestreckt. Die Handfläche ist dem Hund zugewendet. Anstelle der Hand kann auch ein Finger senkrecht nach oben gestreckt werden.

Gleichzeit mit dem Handzeichen wird das Kommando gegeben. Der Bully erhält die Belohnung, wenn er das Kommando ausführt.

Manchmal kann es passieren, dass auch bereits erlernte Befehle einfach nicht klappen. Auch Hunde können einen schlechten Tag haben. Unterbrechen Sie in diesem Fall das Training und setzen Sie es am nächsten Tag fort. Ein Erfolg kann nicht durch Zwang erreicht werden.

Platz

Das Kommando Platz ist ebenso wichtig wie das Kommando Sitz. Die französische Bulldogge soll ruhig liegen bleiben und nicht aufstehen.

Damit sich Ihr Hund zum ersten Mal auf Befehl hinlegt, können Sie einen einfachen Trick anwenden. Verstecken Sie in Ihrer Faust ein Leckerchen und lassen Sie den Hund daran riechen. Jetzt führen Sie die Faust immer weiter in Richtung des Bodens. Es ist mehr als unbequem, im Stehen der Hand zu folgen. Deshalb wird sich Ihr Hund hinlegen. In diesem Moment sagen Sie Platz und geben dem Hund die Belohnung.

Auch hier gilt: Weniger ist mehr. Wiederholen Sie die Übung maximal ein weiteres Mal. Dann benötigt der Welpe eine Pause. Sie können das Training ja nach einigen Stunden noch einmal beginnen. Überfordern Sie Ihren Hund nicht mit einem zu langen Training. Geistige Überforderung führt ebenso zu Stress wie körperliche Überforderung. Die französische Bulldogge hat dann keinen Spaß mehr an den Übungen und wird nicht mehr motiviert mitmachen.

Wird das Kommando problemlos ausgeführt, können Sie auch hier ein Handzeichen ergänzen. Das Handzeichen für Platz ist die waagerecht vor dem Körper ausgestreckte Hand. Alternativ dazu können Sie auch einen Finger waagerecht ausstrecken.

Das Kommando Platz ist wichtig, wenn Sie den Hund in einem öffentlichen Verkehrsmittel oder in ein Restaurant mitnehmen. Vor allem in einem Restaurant kann Ihr Hund viele leckere Gerüche wahrnehmen. Denen will er nachgehen. Durch das Kommando Platz weiß der Bully, dass dieses Verhalten von Ihnen nicht gewünscht ist. Er soll ruhig unter dem Tisch liegen bleiben.

Damit die französische Bulldogge sich auch im Restaurant angemessen verhält, können Sie zu einem Trick greifen. Schaffen Sie in der Wohnung einen besonderen Platz. Am besten verwenden Sie dafür eine weiche Decke, die in einer ruhigen Ecke ausgebreitet wird. Verstecken Sie einen leckeren Kausnack auf der Decke und begleiten

Sie Ihren Hund dorthin. Sagen Sie Platz und erlauben Sie dem Bully, sich mit dem Snack zu beschäftigen. Durch das Kauen wird der Stress abgebaut und der Hund ist für einige Zeit beschäftigt. Auf der Decke liegend darf er auch von anderen Familienmitgliedern nicht gestört werden. Hier ist sein absoluter und sicherer Rückzugsort.

Sie können die Decke bei einem älteren Hund auch dazu einsetzen, für Ruhe während der Ankunft von Gästen zu sorgen. Dazu muss Ihr Hund aber auch das Kommando Bleib beherrschen.

Im Restaurant breiten Sie die Decke unter dem Tisch aus und geben das Kommando Platz. Gleichzeitig erhält Ihre französische Bulldogge einen Kausnack, an dem sie längere Zeit herumkauen kann. Warum sollte der Bully an den Nachbartischen um Essen betteln? Er hat alles, was er braucht: seine gewohnte Decke, die Beschäftigung mit dem Kausnack und die Nähe seiner vertrauten Menschen.

Bleib

Bleib ist ein sehr schwieriges Kommando für eine französische Bulldogge. Der Hund möchte nicht zurückbleiben und alleine sein. Sie werden daher viel Geduld und Zeit benötigen, um dieses Kommando mit Ihrem Hund zu üben.

Führen Sie die ersten Übungen in der Wohnung durch, damit die französische Bulldogge nicht durch Geräusche oder andere Dinge abgelenkt wird. Sorgen Sie für eine angenehme und entspannte Atmosphäre. Damit Sie Ihren Hund besser unter Kontrolle haben, leinen Sie ihn an.

Geben Sie jetzt die Kommandos Platz und Bleib. Lassen Sie die Leine locker durchhängen. Hat sich der Hund auf den Boden gelegt, entfernen Sie sich ein oder zwei Schritte. Dann rufen Sie den Bully zu sich und streicheln ihn ausgiebig.

Wiederholen Sie dieses Kommando nicht zu oft, damit sich kein Stress aufbaut.

Nach einigen Tagen können Sie versuchen, sich immer weiter von Ihrem Hund zu entfernen. Bleibt die französische Bulldogge liegen, gehen Sie zurück und geben ihr eine Belohnung. Steht der Hund auf und folgt Ihnen, sollte keine Bestrafung erfolgen. Nehmen Sie einfach die Leine und gehen Sie ruhig an den Ausgangspunkt des Trainings zurück. Geben Sie wieder das Kommando Platz und Bleib und beginnen Sie die Übung von Neuem.

Ist Ihr Hund bei der Ausführung der Übung in der Wohnung erfolgreich? Sehr gut. Dann können Sie mit dem Training im Freien starten. Üben Sie bitte nicht auf der Hundewiese, wo Ihr Hund mit seinen Kumpeln spielen möchte. Suchen Sie sich einen ruhigen Ort, an dem Sie keinem anderen Hund begegnen. Damit der Hund nicht auf die Straße laufen kann, können Sie für das Training eine Schleppleine einsetzen. Jetzt verfahren Sie ebenso wie bei dem Training in der Wohnung.

Hat die französische Bulldogge gelernt, liegen zu bleiben, wenn Sie sich ein Stück entfernen, können Sie den Schwierigkeitsgrad des Trainings noch weiter erhöhen. Biegen Sie um eine Ecke oder verstecken Sie sich kurz hinter einem Baum. Der Bully hat jetzt keine Möglichkeit mehr, Sie im Blick zu behalten. Eine ganz schön schwierige Situation.

Jetzt kämpfen zwei Seelen in der Brust des Hundes. Auf der einen Seite steht der Befehl, den er ausführen möchte, um Ihnen zu gefallen. Auf der anderen Seite kann er Sie nicht mehr sehen. Hat Ihre französische Bulldogge das Kommando schon längere Zeit geübt, hat sie gelernt, auf Ihre Rückkehr zu vertrauen. Sie wird liegen bleiben und entspannt auf Sie warten. Glückwunsch! Ihr Hund hat es geschafft und eines der schwierigsten Kommandos für französische Bulldoggen gelernt.

Komm

Komm ist ein besonders wichtiges Kommando. Es fordert den Hund dazu auf, zu Ihnen zu kommen, und kann auch als Abrufsignal bei einem zu wilden Spiel mit anderen Hunden eingesetzt werden. Das Kommando dient auch dazu, Ihren Hund aus einer gefährlichen Situation herauszunehmen.

Natürlich gibt es auch für dieses Signal ein Handzeichen. Strecken Sie den Arm und die Hand in die Höhe. Die Handfläche ist in die Richtung des Hundes gerichtet. Damit der Hund die erhobene Hand gut sehen kann, sollte diese ständig bewegt werden. Sie wollen Ihren Hund zu sich rufen, aber es sind sehr viele Hunde unterwegs? Dann sprechen Sie zuerst den Namen des Hundes aus, um seine Aufmerksamkeit auf Sie zu lenken. Erst dann erteilen Sie das Signal für Komm.

Damit Ihr Hund einen Anreiz hat, zu Ihnen zu laufen, können Sie bei den ersten Übungen ein Leckerchen oder ein Spielzeug hochhalten. Kommt der Bully, ohne sich auf dem Weg ablenken zu lassen, erhält er die Belohnung. Einfacher wird diese Übung mit dem Clickertraining. Doch dazu kommen wir in einem späteren Kapitel.

Das Kommando Komm ist die Basis für ein Apportierspiel, bei dem Ihr Hund einen Gegenstand holen und zu Ihnen zurückbringen soll.

Ist Ihr Hund in sein Spiel mit anderen Hunden vertieft, kann es für Sie schwierig sein, seine Aufmerksamkeit zu wecken. Hier ist das Kommando Komm sicher nicht ausreichend. Lenken Sie die Aufmerksamkeit Ihres Hundes mit dem Signal Schau oder einem anderen Markerwort auf Ihre Person. Jetzt können Sie den Befehl Komm erteilen. Ihre französische Bulldogge wird ihn gerne befolgen.

Schau

Schau wird als Markersignal eingesetzt. Hört Ihr Hund das Kommando, weiß er, dass er sich auf Sie konzentrieren soll. Alles andere in der Umgebung ist nicht mehr wichtig.

Das Markersignal Schau können Sie schon mit dem Welpen üben. Voraussetzung dafür ist, dass es Ihnen bereits gelungen ist, eine gute Verbindung zu dem Hund aufzubauen.

Nehmen Sie ein Leckerchen in die Hand. Rufen Sie den Hund in einem entspannten Moment zu sich. Warten Sie, bis sich Ihr Hund auf Sie konzentriert, und sagen Sie Schau. Schaut der Bully zu Ihnen hoch, erhält er sofort seine Belohnung.

Die französische Bulldogge lernt dabei etwas sehr Wichtiges. Der Mensch hält immer etwas Leckeres für sie parat. Er ist das Wichtigste in ihrem Leben. Aber das hat sie eigentlich ohnehin schon immer gewusst.

Schau kann als Markersignal gut genutzt werden, um Ihren Hund abzulenken und aus gefährlichen Situationen zu nehmen, bevor eine Eskalation entsteht. Ein Beispiel dafür: Ihr Bully begegnet einem bestimmten Hund nicht gerne. Auf der Straße kommt Ihnen dieser Hund entgegen. Der andere Besitzer hat Sie noch nicht bemerkt und Sie haben keine Möglichkeit, in einem großen Bogen auszuweichen. Was also tun? Am besten lenken Sie Ihre französische Bulldogge schon ab, bevor sie den anderen Hund bemerkt hat. Sagen Sie einfach Schau. Ihr Hund konzentriert sich auf Sie und erhält seine Belohnung. Inzwischen ist der andere Hund vorbeigelaufen. Die unerwünschte Konfrontation beider Hunde konnte vermieden werden.

Anstelle des Wortsignals können Sie auch einen Click als Signal einsetzen. Mehr dazu finden Sie in dem Kapitel „Clickertraining für Hunde".

Bei Fuß

Durch das Kommando Bei Fuß teilen Sie Ihrem Hund mit, dass er dicht bei Ihnen laufen soll. Der Kopf des Hundes befindet sich auf der Höhe Ihres linken Knies.

Beginnen Sie auch dieses Training in der Wohnung. Leinen Sie Ihren Hund mit einer kurzen Leine an und stellen Sie sich so auf, dass der Hund neben Ihnen auf Ihrer linken Seite steht. Sagen Sie Komm. Sobald sich Ihr Hund in Bewegung setzt, geben Sie das Kommando Bei Fuß. Halten Sie die Leine kurz, ohne daran zu ziehen. Der Hund muss einige Schritte direkt neben Ihnen laufen. Belohnen Sie den Bully.

Hat Ihr Hund begriffen, worum es in der Übung geht, können Sie das Training im Freien fortsetzen. Lassen Sie die Leine bei den Übungen immer lockerer.

Einfacher ist es, in die Übung einen Clicker und einen Target Stab zu integrieren. Mehr dazu finden Sie im Kapitel „Clickertraining“.

Das Kommando Bei Fuß ist wichtig, wenn Sie sich in einer größeren Menschenmenge bewegen oder wollen, dass der Hund in Ihrer Nähe bleibt. Sie können so leichter eventuellen Gefahren ausweichen und Verletzungen des Hundes vermeiden.

Ruhe lernen

Die französische Bulldogge ist kein Wachhund. Das bedeutet aber nicht, dass sie nicht wachsam ist und ihre Familie bei Bedarf nicht verteidigt. Auf alle Fälle ist der Bully ein Hund, der sehr aufmerksam ist. Nähert sich eine unbekannte Person der Wohnung oder dem Grundstück, beginnt der Hund, laut zu bellen. Das kann natürlich Ärger mit den Nachbarn verursachen. Vor allem dann, wenn das Bellen über einen längeren Zeitraum anhält. Um Ihren Hund zu stoppen, können Sie das Kommando Ruhig geben.

Beginnt Ihr Hund, laut zu bellen, lenken Sie ihn mit einem Leckerchen ab. Geben Sie gleichzeitig das Kommando Ruhig. Eine Ablenkung ist auch mit dem Markersignal Schau oder einem Click möglich. Sobald die französische Bulldogge das Bellen einstellt, erhält sie die Belohnung. Versucht der Hund, weiter zu bellen, schicken Sie ihn auf seinen vorbereiteten Platz. Befehlen Sie dem Bully, auf der Decke zu bleiben, und gehen Sie einige Schritte weg. Der Hund lernt Folgendes: Wenn ich belle, muss ich auf meine Decke gehen und kann die Vorgänge vor der Türe nicht mehr verfolgen. Wenn ich ruhig bin, kann ich weiter aufpassen und bekomme sogar noch eine Belohnung.

Auch im Garten ist es unangenehm, wenn der Hund längere Zeit bellt und so die Ruhe der Nachbarn stört. Hier ist die Situation aber noch etwas komplizierter. Denn der Hund unterliegt einem Missverständnis.

Eine Person geht auf der Straße an dem Gartenzaun entlang. Die französische Bulldogge ist irritiert und beunruhigt. Ein fremder Mensch in meinem Revier? Da muss ich mich doch bemerkbar machen. Und schon bellt sie. Was passiert weiter? Der Mensch draußen geht einfach weiter und verschwindet aus dem Blickfeld des Hundes. Was hat der Bully dabei gelernt? Ich bin groß und stark. Wenn ich belle, verschwindet die Bedrohung. Ich bin der Sieger. Was passiert beim nächsten Mal? Die französische Bulldogge wird wieder bellen, wenn ein Mensch auf der Straße an dem Garten vorbeigeht.

Jeder Passant verstärkt das Verhalten des Hundes durch das falsch verstandene Erfolgserlebnis. Um der französischen Bulldogge das Bellen in dieser Situation abzugewöhnen, benötigen Sie die Hilfe von Freunden.

Stellen Sie sich in den Garten und tun Sie so, als würden Sie den Hund nicht beachten. Ein Freund geht auf der Straße vorbei. Der Hund läuft zum Zaun und bellt. Sie geben das Kommando Ruhig. Gleichzeitig erhält der Bully von dem Passanten die Belohnung. Wahrscheinlich müssen sie dieses Training über mehrere Wochen wiederholen, um damit Erfolg zu haben. Der Bully lernt, dass vorbeigehende Menschen keine Gefahr bedeuten und er die Passanten nicht durch Bellen melden muss.

Alleine bleiben lernen

Die französische Bulldogge ist ein sehr anhänglicher Hund. Sie möchte immer bei ihrem Familienrudel sein. Alleine zu sein, ist dem Hund verhasst. Trotzdem kann der Bully nicht überall hin mitgenommen werden. Es gibt Situationen, wie Einkaufen, Arztbesuche oder Theaterbesuche, auf die der Hund nicht mitgenommen werden kann. Ein Alleine-Bleiben im Auto muss nicht geübt werden. Da die französische Bulldogge auf Wärme sehr empfindlich reagiert, sollte sie ebenso wie andere Hunde nicht alleine im Auto zurückgelassen werden.

Das Training erfolgt in der Wohnung. Im Idealfall kennt die französische Bulldogge bereits ihre eigene Decke und hat akzeptiert, dass dort ein leckeres Leckerchen für sie versteckt ist. Wenn nicht, sollten Sie zuerst das Deckentraining ausführen.

Schicken Sie die französische Bulldogge auf die Decke und warten Sie, bis sie mit dem Kausnack beschäftigt ist. Gehen Sie langsam und unauffällig aus dem Zimmer. Lassen Sie die Türe zu dem anderen Raum offen, damit der Bully Sie sehen und hören kann.

Nach einigen Tagen erhöhen Sie den Schwierigkeitsgrad des Trainings. Schließen Sie die Türe zu dem anderen Raum für einige Sekunden. Danach kommen Sie sofort wieder zurück. Liegt der Hund noch immer auf seiner Decke und hat er nicht gewinselt, erhält er eine Belohnung.

Dehnen Sie die Zeitspanne immer weiter aus. Für den nächsten Schritt des Trainings verlassen Sie die Wohnung. Warten Sie vor der Türe und hören Sie, ob Ihre französische Bulldogge gegen Ihre Abwesenheit mit Winseln oder

Bellen protestiert. Öffnen Sie die Türe wieder und belohnen Sie Ihren Hund, wenn er ruhig geblieben ist.

Dehnen Sie die Zeitspanne immer weiter aus, bis sich die französische Bulldogge daran gewöhnt hat, dass Sie auch einmal ein oder zwei Stunden abwesend sind. Denken Sie immer daran: Ihr Hund verlässt sich auf Sie. Er erwartet, dass Sie nicht zu lange fortbleiben und er bei Ihrer Rückkehr eine Belohnung erhält.

Die französische Bulldogge ist kein Hund, der aufgrund von Berufstätigkeit für acht Stunden oder mehr alleine bleiben möchte. Hat kein anderes Familienmitglied Zeit, sich um den Hund zu kümmern, oder leben Sie mit dem Hund in einem Single-Haushalt, sollten Sie für diesen Fall einen Hundesitter engagieren. Kennt Ihr Hund den Sitter, hat er kein Problem, einen Tag mit einem anderen Menschen zu verbringen.

Stubenreinheit

Stubenreinheit ist eine wichtige Sache. Ihr Hund muss lernen, sich draußen und nicht in der Wohnung zu erleichtern. Welpen können ihre Körperfunktionen wie den Absatz von Harn und Kot noch nicht richtig kontrollieren. Dabei passiert in der Nacht oder bei Aufregung schon einmal ein Malheur in der Wohnung.

In den ersten Wochen sollte Ihr Hund alle zwei Stunden nach draußen gebracht werden. Er muss keinen langen Spazierweg zurücklegen. Es genügt, ihn in das Rinnsal oder noch besser in eine Wiese zu setzen. Auch in der Nacht sollte der kleine Hund alle zwei Stunden ins Freie gebracht werden. Erleichtert sich der Hund draußen, loben Sie ihn immer sofort und belohnen Sie ihn.

Die französische Bulldogge ist ein sehr intelligenter Hund. Sie wird schnell lernen, stubenrein zu sein. Während des Tages werden Sie einfach bemerken, wenn sich der Hund unruhig verhält und zu der Türe läuft. Sie können ihn sofort nach draußen bringen. In der Nacht ist das schon etwas schwieriger. Hunde sind von Natur aus sauber. Sie wollen ihr Nest und ihre Wohnung nicht verschmutzen. Aber was bleibt dem Welpen übrig, wenn er es in der Nacht nur leise meldet und nicht gehört wird? Abhilfe bietet eine Welpenschule. Stellen Sie das Körbchen des Hundes in der Nacht in die Welpenschule und setzen Sie den Welpen hinein. Wenn dieser in der Nacht das Bedürfnis verspürt, sich zu erleichtern, wird er sich durch Winseln oder Bellen melden. Sie können sofort nach draußen gehen. Schon nach wenigen Wochen wird Ihr Hund in der Nacht durchschlafen. Ihre Ruhe ist nicht mehr gestört.

Eventuell können Sie auch eine Welpentoilette verwenden. Diese sieht ähnlich aus wie eine niedrige Katzentoilette und ist mit saugendem Material und Streu gefüllt. Der Welpe kann sich bei einem dringenden Bedürfnis in der Welpentoilette erleichtern. Aber ist das wirklich ideal? Wollen Sie, dass der Hund auch zukünftig in der Wohnung sein Geschäft verrichtet? Wahrscheinlich nicht. Die Welpentoilette zögert das Erreichen der Stubenreinheit hinaus. Einige Hunde betrachten es auch noch als erwachsene Hunde als normal, sich in der Wohnung in der Welpentoilette zu erleichtern.

Besser ist es, sich in den ersten Wochen die Zeit zu nehmen, mit dem Hund oft nach draußen zu gehen. Ab dem fünften bis sechsten Lebensmonat beherrscht die französische Bulldogge ihre Körperfunktionen. Sie meldet sich, wenn sie einmal außerhalb der Gassizeiten nach draußen muss.

Wie schnell ein Hund stubenrein wird, ist individuell sehr unterschiedlich. Üben Sie keinen Druck auf den Hund aus, wenn er etwas länger als andere Hunde dafür braucht. Druck verursacht nur Stress und verhindert Erfolgserlebnisse.

Hat die französische Bulldogge in der Wohnung Harn oder Kot abgesetzt, sollte sie dafür nie bestraft werden. Sie hat ja schließlich nur einem natürlichen Bedürfnis nachgegeben. Nehmen Sie den Hund kommentarlos hoch und bringen Sie ihn nach draußen. Loben Sie sofort, wenn sich Ihr Hund im Freien erleichtert. In der Wohnung entfernen Sie die Hinterlassenschaften des Hundes, ohne zu schimpfen.

Im Schlafkörbchen schlafen

Gerne möchte die französische Bulldogge ganz nahe bei ihrem Menschen sein und im Bett schlafen. Aber das ist nicht immer erwünscht. Vor allem bei Senior Hunden kann dieses Verhalten Probleme verursachen, wenn der Schließmuskel nicht mehr ganz dicht ist und in der Nacht Harn ins Bett träufelt. Also ist es besser, den Hund von Anfang an an sein eigenes Schlafkörbchen zu gewöhnen.

Natürlich ist die Trennung von der Mutter und den Geschwistern traumatisch für den Welpen. In den ersten Nächten benötigt er mehr Nähe. Stellen Sie den Hundekorb daher direkt neben Ihrem Bett auf. Sie können auch ein getragenes T-Shirt hineinlegen, damit der Bully sich in Ihren Geruch einkuscheln kann. Er spürt Ihre Nähe und das ist ausreichend, um ihn zu beruhigen. Nach einigen Tagen beginnen Sie damit, das Körbchen immer ein Stück weiter von Ihrem Bett entfernt aufzustellen. Das machen Sie so lange, bis Sie den ursprünglich für das

Körbchen vorgesehenen Platz erreicht haben. Auch wenn der Schlafkorb in einem anderen Zimmer steht, weiß Ihre französische Bulldogge, dass Sie immer in ihrer Nähe sind.

Gäste in der Wohnung akzeptieren

Hat sich der Welpe an seine neue Umgebung und seine Familie gewöhnt, wollen sicher auch Gäste kommen, um den jungen Hund kennenzulernen. Leinen Sie die französische Bulldogge vor der Ankunft der Gäste an. Begrüßen Sie die Gäste und lassen Sie erst, wenn alle sitzen, eine Begrüßung durch den Hund zu. Ist Ihre französische Bulldogge schon älter, können Sie für diese Situation das Deckentraining nutzen und den Hund auf seine Decke schicken. Er darf den Platz erst auf Ihre Aufforderung hin verlassen.

Die französische Bulldogge ist kein gefährlicher Hund. Sie reagiert nicht nervös und aggressiv. Es ist kaum zu erwarten, dass der Hund außer durch Bellen sein Revier verteidigt. Eher müssen sich die Gäste vor den Knuddelangriffen des Hundes schützen.

Nicht an anderen Personen hochspringen

Hochspringen wirkt bei einem kleinen Hund süß. Das Verhalten ist aber trotzdem nicht bei allen Personen erwünscht. Vor allem bei Regenwetter ist es nicht lustig, wenn der Bully auf der Kleidung fremder Personen seine Pfotenabdrücke hinterlässt.

Springt die französische Bulldogge bei der Begrüßung an Ihnen hoch, tolerieren Sie dieses Verhalten nicht. Drehen Sie sich zur Seite und sagen Sie in einem schärferen Ton mit tiefer Stimme Nein. Begrüßen Sie Ihren Hund erst dann, wenn er mit allen vier Beinen auf dem Boden steht. Durch das Drehen zur Seite rutscht Ihr Hund ab und landet unweigerlich auf dem Boden.

Belohnen Sie Ihren Hund zusätzlich mit einem Leckerchen, wenn er bei der Begrüßung seiner Freude nicht durch Hochspringen Ausdruck verleiht.

Natürlich müssen auch andere Personen sich so verhalten. Es ist für den Hund zu schwierig zu erkennen, bei wem er hochspringen darf und bei wem nicht. Sorgen Sie dafür, dass auch Gäste sich konsequent verhalten und das Anspringen nicht dulden oder durch Streicheln verstärken.

Sich in öffentlichen Verkehrsmitteln ordnungsgemäß verhalten

In den öffentlichen Verkehrsmitteln sollte sich ein Hund zurückhaltend verhalten und andere Mitfahrende nicht belästigen. Zusätzlich ist in den meisten Verkehrsmitteln ein Maulkorb vorgeschrieben. Keine einfache Sache bei der kurzen Schnauze! Können Sie die französische Bulldogge für den Transport nicht in einer Tasche verstauen, benötigen Sie einen Maulkorb, der nach den individuellen Maßen des Hundes angefertigt wird.

Damit sich Ihre französische Bulldogge an den Maulkorb gewöhnt, müssen Sie ein Maulkorbtraining durchführen. Legen Sie etwas Futter in den Maulkorb und lassen Sie Ihren Hund das Futter fressen. Hat er sich mit dem Gegenstand bekannt gemacht, können Sie den nächsten Schritt wagen. Setzen Sie dem Hund den Maulkorb auf, ohne die rückwärtige Schnalle zu schließen. Nehmen Sie den

Maulkorb sofort wieder ab. Um dem Hund das Erlebnis angenehmer zu machen, können Sie ihm durch das Gitter des Maulkorbs ein Leckerchen geben. Verlängern Sie die Zeit immer mehr. Schließen Sie dann unauffällig die Schnalle und achten Sie auf die Reaktion Ihres Hundes. Wenn er den Maulkorb in der Wohnung toleriert, können Sie diesen auch in öffentlichen Verkehrsmitteln aufsetzen.

Da die französische Bulldogge ohnehin durch die Ventilnase in ihrer Atmung beeinträchtigt ist, ist der Transport in einer Tasche sicher für den Hund komfortabler.

Hundeschulen und Tiertrainer veranstalten immer wieder Kurse, in denen das richtige Verhalten in öffentlichen Verkehrsmitteln geübt wird. Meistens findet dieses Training im Rahmen eines Stadtspaziergangs statt.

Nicht den Gehsteig verunreinigen

Hier sollten Sie schon während des Trainings der Stubenreinheit ansetzen. Bringen Sie Ihren Hund ins Freie und setzen Sie ihn in eine Wiese oder das Rinnsal. Erleichtert er sich dort, erhält er eine Belohnung. Versucht die französische Bulldogge, sich auf dem Gehsteig zu erleichtern, heben Sie sie schnell hoch und setzen Sie den Hund in das Rinnsal. Strafen Sie den Bully nicht, wenn er einmal den Gehsteig verunreinigt, aber entfernen Sie die Hinterlassenschaften so schnell wie möglich. Ihr Hund wird nicht viel Zeit benötigen, um zu begreifen, wo er sich erleichtern darf und wo nicht.

Ziehen Sie Ihren Bully nie mit der Leine bis ins Rinnsal. Durch den Zug können Schäden an der Wirbelsäule und Verspannungen der Muskulatur ausgelöst werden.

Problemlos mit dem Auto fahren

Autofahrten sind manchmal eine Notwendigkeit. Wie gut, wenn Ihr Hund gelernt hat, diese Fahrten zu tolerieren. Dazu bedarf es aber eines Trainings.

Hunde besitzen ebenso wie Menschen in ihrem Innenohr ein empfindliches Gleichgewichtsorgan. Durch die schaukelnden Bewegungen des Autos und die wechselnden Geschwindigkeiten des Autos wird die Schnecke im Innenohr gereizt. Gleichzeitig sieht der Hund, dass die Bäume und Häuser am Fenster des Autos vorbeiziehen. Selbst bewegt er sich aber nicht. Damit ist der Hund überfordert. Er fühlt sich wie ein Mensch, der seekrank ist. Übelkeit und Erbrechen sind die Folge. Gegen die Übelkeit kann der Tierarzt etwas verschreiben. Sie erhalten in der Ordination Tabletten, die eine starke Übelkeit und ein Erbrechen auf Autofahrten verhindern. Mit der Zeit gewöhnt sich Ihr Hund auch an das Gefühl während einer Autofahrt.

Beginnen Sie, sobald sich der Welpe eingewöhnt hat, mit dem Training. Setzen Sie den Hund in das parkende Auto und legen Sie ein Leckerchen auf die Rückbank. Wiederholen Sie diese Übung so oft, bis Ihr Hund sich daran gewöhnt hat, in das Auto gehoben zu werden. Während der Fahrt muss die französische Bulldogge gut gesichert sein. Brustgeschirre, die in den Sicherheitsgurt der Rückbank eingehängt werden, sind meistens keine ausreichende Sicherung. Gut geeignet ist ein Transportkäfig, der auf der Rückbank mit einem Gurt befestigt oder im Kofferraum fixiert wird. Stellen Sie den Käfig zuerst in der Wohnung auf. Lassen Sie die Türe geöffnet und legen Sie ein Leckerchen in den Käfig. Ihre französische Bulldogge wird den Käfig sicher schnell entdecken und untersuchen. Hat sich der Hund mit dem Käfig vertraut gemacht und geht er ohne Probleme ein und aus, schließen Sie die Türe für einige Minuten. Funktioniert auch das problemlos, können Sie den Käfig in das Auto stellen. Legen Sie eine Decke hinein, die der Hund bereits benutzt hat. Durch den vertrauten Geruch kommt keinerlei Stress auf. Hat sich der Hund an den Aufenthalt im Käfig im parkenden Auto gewöhnt, können Sie die erste Fahrt starten. Fahren Sie nur wenige Minuten und halten Sie wieder an. Beobachten Sie, ob Ihrem Bully übel ist oder ob er entspannt im Käfig liegt. Dehnen Sie die Länge der Autofahrten immer mehr aus.

Sie planen eine Urlaubsreise mit Hund und Auto? Dann achten Sie darauf, dass Sie immer frisches Wasser für den Hund in einer Trinkflasche mithaben. Machen Sie alle zwei Stunden eine Pause, damit sich Ihr Hund die Beine vertreten und schnüffeln kann.

Regeln aufstellen

Regeln sind dazu da, gebrochen zu werden. Das gilt nicht für Hunde. Um ein glückliches Hundeleben führen zu können, müssen Regeln für das Zusammenleben aufgestellt werden. Wichtig ist, dass Sie die Regeln gemeinsam mit den anderen Mitgliedern der Familie aufstellen und anschließend konsequent anwenden.

Die französische Bulldogge reagiert sehr sensibel auf ihre Umgebung. Empfindet sie die Regeln als ungerecht, wird sie diese vielleicht nur ungern beachten. Setzen Sie daher Grenzen immer fair und wirksam. Beherrscht Ihre französische Bulldogge die Grundkommandos, sind ihr auch die wichtigsten Regeln für ein harmonischen Zusammenleben mit Menschen bekannt.

Das richtige Korrigieren

Unerwünschtes Verhalten muss unter allen Umständen korrigiert werden. Dabei dürfen aber keine körperlichen Strafen oder andere Gewalt angewendet werden. Die Hundeerziehung muss immer gewaltfrei erfolgen. Schließlich wollen Sie Ihre französische Bulldogge ja erziehen und nicht ihren Willen brechen.

Natürlich kann ein falsches Verhalten nicht immer einfach ignoriert werden. Für den sensiblen Hund ist ein deutliches Nein ausreichend. Das Gehör der französischen Bulldogge ist viel empfindlicher als das Gehör eines Menschen. Es ist nicht notwendig, zu schreien, damit ein Befehl befolgt wird. Gehorcht Ihr Bully einmal nicht, sollten Sie den Grund dafür herausfinden. Lautes Schreien oder Drohungen bringen Sie nicht weiter. Sie stören nur das Vertrauen, das der Hund bereits zu Ihnen aufgebaut hat.

Eine Möglichkeit, unerwünschtes Verhalten zu verhindern, ist die Unterbrechung einer Handlung. Ein Beispiel dafür: Sie spielen mit Ihrer französischen Bulldogge ein lustiges Rangelspiel. Plötzlich setzt der Welpe seine spitzen Milchzähne ein. Kreischen Sie kurz auf und beenden Sie das Spiel sofort. Durch den schrillen Laut wird die Beißhemmung, die der Welpe bereits von seiner Mutter und im Spiel mit den Geschwistern erlernt hat, in Kraft gesetzt. Das Ende des Spiels ist von dem Welpen nicht gewünscht. Es war lustig und er möchte gerne weiterspielen. Warten Sie jetzt, bis sich der Welpe beruhigt und entspannt hat. Dann können Sie Ihren Bully rufen und ein neues Spiel beginnen. Was lernt der Welpe? Menschenhaut ist empfindlich. Wenn ich meine Zähne einsetze, kann ich nicht weiterspielen. In Zukunft wird der kleine Hund vorsichtiger spielen.

Hundeerziehung und die Korrektur eines unerwünschten Verhaltens beruht immer auf diesen Säulen:

- Liebe
- Geduld
- Konsequenz
- Vertrauen
- Respekt vor den Eigenheiten des Partners
- Belohnung

Mit Belohnung und Geduld erreichen Sie schnell, dass Ihr Bully nur mehr ein erwünschtes Verhalten zeigt.

Förderung und Training des Hundes

In der französischen Bulldogge schlummert ein großes Potenzial, das gerne geweckt werden möchte. Die intelligente Hunderasse lernt schnell, wenn sie richtig gefördert wird. Körperliche Anstrengungen sind nicht gut für die Bullys, da schnell eine Überhitzung entsteht und die Atmung zu eingeschränkt ist. Auch die kurzen Beinchen machen es dem Hund nicht gerade leicht, Hundesport auszuüben.

Umso geschickter ist die französische Bulldogge im Erlernen von Intelligenzspielen. Hier schlägt sie andere Hunderassen um Längen.

Beispiele für das Training und die Förderung der geistigen und motorischen Fähigkeiten der französischen Bulldogge werden im Folgenden dargestellt.

Drehen von Flaschen

Da sich die französische Bulldogge auf den kurzen Hinterbeinen und mit der empfindlichen Hüfte nicht so gut aufrichten kann, sollte die Flasche auf den Boden gelegt werden.

Zeitaufwand: drei Minuten

benötigtes Material: Plastikflasche, Leckerchen

Ziel: Verbesserung des Problemlöseverhaltens, Steigerung der motorischen Geschicklichkeit

Schwierigkeitsgrad: mittel

Schneiden Sie Löcher in die Plastikflasche. Entfernen Sie den Schraubverschluss und fädeln Sie eine Schnur durch die Öffnungen im Boden und im Flaschenhals. Befestigen Sie die Flasche mit der Schnur an einem Sessel. Animieren Sie die französische Bulldogge dazu, die Flasche mit der Pfote zu berühren. Schnell wird der Hund bemerken, dass das Leckerchen durch Bewegungen der Flasche aus dem Loch fällt. Zur Belohnung darf der Bully das Leckerchen fressen.

Sie können die Übung auch mit mehreren hängenden Flaschen durchführen. Das Seil muss dazu aber auf der Höhe der Nase des Bullys befestigt werden, damit der Hund nicht ständig in die Höhe springen muss. Sie können das Seil auch durch einen Kochlöffel ersetzen und das Spiel gemeinsam mit Ihrem Bully spielen.

Suchspiele

Auch wenn die Nase der französischen Bulldogge stark rückgebildet ist, ist ein teilweiser Geruchssinn noch vorhanden. Die Hunde haben Spaß daran, zu schnüffeln und nach versteckten Dingen zu suchen. Probieren Sie es doch einmal mit einem Leckerchen, das in einem Schnüffelteppich versteckt ist.

Zeit: drei bis vier Minuten

benötigtes Material: Schnüffelteppich, Leckerchen

Ziel: Training des Geruchssinns

Schwierigkeitsgrad: leicht bis mittel

Verstecken Sie das Leckerchen zwischen den verschiedenen langen Stoffstreifen des Schnüffelteppichs. Legen

Sie den Teppich auf den Boden. Ihr Bully wird das attraktiv riechende Spielzeug sofort bemerken. Er wird mit der Schnauze im Teppich wühlen, bis er das Leckerchen gefunden hat. Jetzt ist die motorische Geschicklichkeit des Hundes gefragt. Er muss die begehrte Belohnung mit der Zunge oder Pfote aus dem Teppich herausholen. Hat er es geschafft, darf er die Belohnung fressen.

Sie können das Leckerchen auch in ein Tuch einwickeln, hinter einem Möbelstück verstecken oder mehrere Joghurtbecher aufstellen. Hier muss Ihr Hund den richtigen Becher umwerfen, um an das Leckerchen zu gelangen.

Du musst warten

Hier ist die ganze Selbstbeherrschung der französischen Bulldogge gefordert. Bei einem Welpen wird das Spiel wahrscheinlich nicht gut funktionieren, da der kleine Hund noch über keine Impulskontrolle verfügt. Erwachsene Hunde können sich schon besser beherrschen.

Zeit: zwei bis drei Minuten

benötigtes Material: Kissen, Leckerchen

Ziel: Training der Impulskontrolle

Schwierigkeitsgrad: schwer

Legen Sie ein Kissen auf den Boden und zeigen Sie der französischen Bulldogge, dass Sie in die Mitte des Kissens ein Leckerchen legen. Geben Sie das Kommando Sitz. Der Hund muss jetzt kurz vor dem Kissen warten. Kommt der Befehl Frei oder Hols, darf er das Leckerchen von dem Kissen holen und fressen.

Bei dieser Übung lässt sich der Schwierigkeitsgrad einfach erhöhen. Legen Sie das Leckerchen nicht mehr auf das Kissen, sondern direkt auf oder knapp vor die Pfote Ihres Hundes. Der Bully darf das Leckerchen nur beobachten, aber nicht fressen. Erst auf Ihren Befehl hin darf er die Belohnung aufheben und fressen.

Diese Übung ist für den verfressenen Bully sehr schwierig. Zu groß ist das Verlangen nach der leckeren Beute. Aber mit Geduld meistert Ihr Hund sicher auch dieses schwierige Training.

Den Boden erkunden

Die Pfoten des Bullys sind sehr sensibel. Mit ihnen kann er den Untergrund fühlen und das Gleichgewicht bei Unebenheiten halten.

Dauer: drei bis vier Minuten

Ziel: Training der motorischen Geschicklichkeit und des Gleichgewichts

notwendiges Material: Decke, Kissen in verschiedener Größe, Holzbretter, Bälle

Schwierigkeitsgrad: leicht

Legen Sie die verschiedenen Gegenstände auf den Boden und breiten Sie die Decke darüber. Animieren Sie den Hund mit einem Leckerchen dazu, über die Decke zu laufen. Er wird die unterschiedliche Höhe der Gegenstände unter der Decke und die unterschiedliche Festigkeit ausgleichen müssen, um nicht zu stolpern.

Alle Spiele trainieren die körperliche und geistige Geschicklichkeit des Hundes. Wählen Sie nur solche Spiele aus, die für die französische Bulldogge nicht zu anstrengend sind. Besonders gefordert wird Ihr Hund durch verschiedene Spiele zum Training der Impulskontrolle. Sie können die Belohnung, die erst auf Befehl genommen werden darf, in Laden, auf Polster oder auch auf ein Spielzeug des Hundes legen. Auch Ihre Hand ist als Unterlage für die Belohnung geeignet. Achten Sie immer darauf, dass jeder Erfolg Ihres Hundes auch belohnt wird. Nur so wird Ihr Hund bei weiteren Spielen genügend motiviert sein, um mitzumachen. Damit Sie nicht eine zu große Menge an Leckerchen füttern müssen, können Sie Ihren Hund auch über einen Clicker belohnen.

Clickertraining für Hunde

Mit dem Clicker können Hunde schneller und einfacher trainiert werden. Die Belohnung muss nicht mehr innerhalb von zwei Sekunden mit einem Leckerchen erfolgen. Ein Click genügt und der Hund hat das Versprechen auf eine spätere Belohnung erhalten. Der Vorteil liegt darin, dass Hunde auch schnell belohnt werden können, wenn Sie weiter entfernt sind. Der Clicker kann sowohl für ein Training der Grundkommandos als auch für Spiele eingesetzt werden. Damit das Training mit dem Clicker funktioniert, müssen einige Dinge beachtet werden. Typische Anfängerfehler können den Erfolg des Lernens wesentlich beeinträchtigen. Die Motivation des Hundes mitzumachen sinkt dann deutlich.

Grundlagen des Clickertrainings

Die Basis jedes Clickertrainings ist die Konditionierung des Hundes auf den Clicker. Hierbei handelt es sich um eine klassische Konditionierung, die aus dem Pawlowschen Experiment gut bekannt ist. Bei dem Geräusch einer Glocke wurde Hunden jedes Mal Futter vorgesetzt. Durch den Geruch des Futters produzierten die Hunde vermehrt Speichel. Nach einigen Tagen war das Geräusch der Glocke ausreichend, um den Speichelfluss in Gang zu setzen. Die Hunde hatten das Geräusch mit dem Futter verbunden.

Die Konditionierung auf den Clicker funktioniert nach dem gleichen Prinzip. Am besten führen Sie die Konditionierung mit einer zweiten Person durch. Stimmen Sie zunächst Ihre Handlungen mit den Aktionen der zweiten Person ab.

Verwenden Sie dazu einen Ball. Immer wenn der Ball den Boden berührt, clicken Sie. Jetzt können Sie Ihren Hund in die Konditionierung einbeziehen. Sie halten den Clicker, die zweite Person hält die Leckerchen in der Hand. Gut für das Clickertraining geeignet sind magere Fleischstückchen.

Jedes Mal, wenn Sie den Clicker drücken, erhält der Hund ein Leckerchen. Denken Sie immer daran, dass sich der Hund nicht so lange konzentrieren kann. Führen Sie die Übung für die Konditionierung maximal zehn Minuten lang durch. Bei Welpen sind zwei Minuten ausreichend. Schaut der Hund mehr auf den Clicker als auf die Leckerchen, können Sie überprüfen, ob die Konditionierung bereits stattgefunden hat. Warten Sie, bis sich Ihre französische Bulldogge anderweitig beschäftigt. Clicken Sie unerwartet. Schaut der Hund sofort auf den Clicker, ist die Konditionierung abgeschlossen.

Jetzt können Sie mit dem ersten Training beginnen. Denken Sie immer daran: Der Click ist ein Versprechen, das später unbedingt gehalten werden muss. Am Ende des Trainings muss Ihr Hund eine Belohnung in Form eines Jackpots erhalten. Der Jackpot ist der Abschluss. Für ihn muss nicht gearbeitet werden.

Spiele mit dem Clicker

Hunde lernen mit dem Clickertraining schnell und spielerisch. Deshalb wird diese Methode auch für das Abrichten von Filmhunden verwendet. Mit dem Clicker lassen sich lustige Spiele veranstalten. Vor allem bei Intelligenzspielen ist der Clicker als Belohnung besonders gut geeignet. Wichtig ist es nur, dass Sie komplizierte Handlungen des Hundes in möglichst kleine Schritte aufteilen, damit Ihr Hund nicht geistig überfordert ist.

Öffnen der Türe:

Phase 1: Legen Sie ein Seil auf den Boden. Clicken Sie, wenn Ihr Bully das Seil untersucht und es dabei berührt. Nach einigen Übungen clicken Sie nur mehr, wenn für die Berührung die Schnauze verwendet wird. Anfangs wird Ihr Hund etwas verwirrt sein. Aber schnell begreift der intelligente Bully, was von ihm erwartet wird, und führt die Übung dementsprechend aus.

Phase 2: Nehmen Sie das Seil in die Hand. Belohnen Sie jede Berührung des Seils durch die Schnauze des Hundes mit einem Click.

Phase 3: Befestigen Sie das Seil an der Türschnalle. Damit der Hund an das Seil gelangen kann, sollten Sie unter der Schnalle eine Treppe aufstellen. Steigt der Bully die Treppe hoch und berührt das Seil mit der Schnauze, clicken Sie.

Phase 4: Jetzt clicken Sie nur mehr, wenn Ihr Hund das Seil zwischen seine Zähne nimmt. Geben Sie hier Hilfestellung. Zeigen Sie dem Hund, dass er leicht an dem Seil ziehen soll.

Phase 5: Belohnen Sie den Zug am Seil mit einem Click. Der Bully ist jetzt in der Lage, leichte Türen zu öffnen.

Natürlich muss nach dem Abschluss jedes Trainings eine entsprechende Belohnung mit einem Jackpot erfolgen.

Hat Ihr Hund einmal einen schlechten Tag, reagieren Sie geduldig. Brechen Sie das Training einfach ab und beginnen Sie am nächsten Tag von Neuem. Ihr Hund ist sicher ebenso enttäuscht wie Sie, dass er an diesem Tag keinen Erfolg gehabt hat.

Apportieren mit dem Clicker

Für dieses Spiel sollte Ihr Hund die Kommandos Hols und Brings beherrschen.

Füllen Sie ein Dummie mit Futter. Werfen Sie es einige Schritte weit weg. Geben Sie das Kommando Hols. Der Bully läuft zu dem Futterbeutel. Hebt er ihn auf, clicken Sie. Jetzt folgt das Kommando Brings. Bringt der Hund den Futterbeutel zu Ihnen, clicken Sie. Übernehmen Sie das Dummie, öffnen Sie den Verschluss und geben Sie Ihrer französischen Bulldogge die Belohnung.

Das Becherspiel

Sie können dieses Spiel mit leeren Joghurt-Bechern oder einem gekauften Intelligenzspiel aus Holzkegeln spielen. Verstecken Sie unter einem Kegel ein Leckerchen und stellen Sie das Spiel auf den Boden. Ihre französische Bulldogge wird alle Kegel beschnüffeln. Natürlich weiß der Hund sofort, unter welchem Kegel das Leckerchen versteckt ist.

Phase 1: Clicken Sie immer, wenn Ihr Hund mit der Schnauze oder der Pfote das Spiel berührt.

Phase 2: Clicken Sie, wenn ein Kegel angestoßen oder zwischen die Zähne genommen wird.

Phase 3: Clicken Sie, wenn es Ihrem Bully gelingt, den Kegel aus der Mulde zu entfernen. Jetzt darf Ihr Hund auf den Befehl Nimms hin das Leckerchen fressen.

Dieses Intelligenzspiel lässt sich problemlos erweitern. Durch die Erweiterungen kann der Schwierigkeitsgrad gesteigert und dem Alter des Hundes angepasst werden.

Sie können das Spiel durch Flächen, die mit Holzplatten abgedeckt sind, oder durch Laden, die mit einer Schnur geöffnet werden müssen, erweitern. Mit diesen Intelligenzspielen lernt die französische Bulldogge gleich mehrere Dinge: Wie löse ich das Problem und gelange an das Leckerchen? Ich habe das Leckerchen gefunden und muss jetzt meine Pfoten und Zähne einsetzen, um es zu erhalten. Es werden gleichzeitig das Lösen von Problemen und die motorische Geschicklichkeit trainiert.

Training mit dem Clicker

Der Clicker kann gut für das Training der Grundkommandos eingesetzt werden.

Für das Kommando Bei Fuß können Sie mit einem Clicker und einem Target Stab arbeiten. Der Target Stab ist ein gerader Stab, bei dem ein Ende mit einer deutlich sichtbaren Markierung gekennzeichnet ist. Legen Sie den Stab auf den Boden und warten Sie, bis Ihr Bully den Stab untersucht. Bei jeder Berührung clicken Sie. Nach einiger Zeit clicken Sie nur mehr, wenn Ihre französische Bulldogge die Markierung des Stabs berührt. Jetzt beginnt die nächste Stufe des Trainings. Nehmen Sie den Stab in die Hand. Die Markierung zeigt in Richtung des Bodens. Halten Sie den Stab auf der linken Seite eng an Ihrem Körper. Geben Sie das Kommando Bei Fuß. Berührt der Hund neben Ihnen die Markierung mit der Schnauze, clicken Sie. Gehen Sie einige Schritte. Der Hund wird dem Stab eng folgen. Funktioniert das Training in der Wohnung, können Sie es im Freien bei einem Spaziergang fortsetzen. Auch hier wird sich der Hund auf die Markierung des Target Stabs konzentrieren, um bei Berührungen einen Click als Belohnung zu erhalten.

Sie sehen, das Training ist in mehrere Schritte aufgeteilt. Jeder einzelne Schritt muss an mehreren Tagen geübt werden. Erst wenn er vollständig beherrscht wird, können Sie mit dem nächsten Schritt der Übung beginnen.

Trainieren des Kommandos Schau mit dem Clicker:

Durch das Geräusch des Clickers lenken Sie die Aufmerksamkeit Ihres Hundes auf sich. Nehmen Sie in der Entfernung einen fremden Hund wahr, können Sie Ihren Bully mit einem Click ablenken. Sie clicken. Ihr Hund schaut sofort zu Ihnen hoch. Der Artgenosse ist nicht mehr interessant. Ihr Hund ist vollständig auf die Belohnung konzentriert, die er in Kürze erhalten wird.

Der Click ist auch hilfreich, wenn Sie Ihren Hund von einem wilderen Spiel mit anderen Hunden ablenken wollen. Wichtig ist, dass Sie dem Hund eine besonders interessante Belohnung anbieten, die ihm wichtiger ist als das Spiel.

Sie können den Clicker bei jedem Training von Grundkommandos als Belohnung einsetzen. Der Vorteil liegt darin, dass Sie Ihrem Bully nicht bei jedem einzelnen Erfolg ein Leckerchen geben müssen. Dadurch entlasten Sie seinen Verdauungstrakt und der Hund entwickelt kein Übergewicht. Erst zum Abschluss des Trainings erhält Ihr Hund Futter als Belohnung.

Typische Anfängerfehler und wie diese vermieden werden können

Sie können mit Ihrem Hund an einem Clicker-Kurs teilnehmen oder sich über Bücher und das Internet informieren. Ohne Erfahrung werden Ihnen wahrscheinlich einige typische Anfängerfehler unterlaufen.

1. Die Konditionierung wird zu früh abgebrochen:

Das Programm und die Verknüpfungen im Gehirn sind noch nicht stabil. Sie sind ungeduldig und wollen schon den nächsten Schritt wagen. Damit überfordern Sie Ihren Hund. Denken Sie immer daran: Damit ein Kommando sitzt, muss es durchschnittlich mindestens 1.000 Mal wiederholt werden. Auch intelligente Hunde wie die französische Bulldogge benötigen Zeit, um zu lernen und eine Übung sicher zu beherrschen. Nehmen Sie sich also genügend Zeit. Auch wenn individuelle Unterschiede zwischen den einzelnen Hunden bestehen, sollten Sie Ihren Bully nicht überfordern. Das verringert nur den Spaß an den Spielen und am Training. Durchschnittlich dauern Konditionierungen zwischen ein und drei Wochen. Welpen benötigen noch mehr Zeit, da sie sich nur kurz konzentrieren können. Sie sind durch viele interessante Dinge, die noch von ihnen erkundet und entdeckt werden wollen, abgelenkt und können ihre Aufmerksamkeit nicht nur auf eine Übung richten.

2. Die falsche Belohnung:

Welche Belohnung als Jackpot eingesetzt wird, hängt allein von den Vorlieben Ihres Bullys ab. Mit Futter können Sie nicht viel falsch machen. Alle Bullys fressen gerne.

Aber auch Streicheleinheiten, Kuscheleinheiten und entspannende Spiele sind als Belohnung gefragt. Als Futterbelohnung sollten Sie nie das normale Futter einsetzen, das auch im Futternapf landet. Warum sollte Ihr Hund sich um eine selbstverständliche Ressource bemühen? Das Leckerchen muss schon etwas besonders Schmackhaftes sein.

3. Die Zeit zwischen Handlung und Belohnung ist zu lang:

Damit Ihr Hund die Handlung mit der Belohnung verknüpft, haben Sie nur zwei Sekunden Zeit für den Click. Später wird der Click nicht mehr als Belohnung für die ausgeführte Übung betrachtet.

4. Der Click erfolgt zum falschen Zeitpunkt:

Sie wollen den Click nicht versäumen und drücken auf den Clicker. Dabei hat Ihr Bully die gewünschte Handlung noch gar nicht ausgeführt. Jetzt ist Ihr Hund verwirrt. Wofür wurde er gerade belohnt und was wird weiter von ihm erwartet? Clicken Sie immer nur dann, wenn Ihr Hund die gewünschte Aktion ausführt. Aber in diesem Fall sofort und schnell.

5. Eine komplizierte Übung ist zu komplex und wird vom Hund nicht verstanden:

Jedes Training mit dem Clicker muss in mehrere Schritte aufgeteilt werden. Je kleiner die einzelnen Schritte sind, umso schnellere Erfolgserlebnisse hat der Bully. Er lernt schneller und leichter. Erst am Ende des Trainings werden alle Schritte zusammengesetzt. Das vollständige Spiel kann ausgeführt werden.

Für welche Hunde ist der Clicker nicht geeignet?

Einige Hunde reagieren besonders empfindlich auf Geräusche. Sie können versuchen, das Geräusch des Clickers zu dämpfen, indem Sie diesen hinter Ihrem Rücken drücken. Erschrickt der Hund trotzdem, ist diese Form des Trainings nicht für ihn geeignet.

Sie haben einen hyperaktiven Hund, dem es schwer fällt, sich auf etwas zu konzentrieren? Dann ist auch ein Training mit dem Clicker schwierig zu gestalten. Versuchen Sie zuerst, die Spannung, unter der Ihr Hund steht, mit einem speziellen Entspannungstraining abzubauen. Erst dann können Sie mit der Konditionierung beginnen.

Hat sich Ihr Bully noch nicht in seiner neuen Familie eingelebt, sollten Sie mit dem Clickertraining noch warten. Der Hund ist damit beschäftigt, sich mit seiner neuen Umgebung vertraut zu machen, und kann sich noch nicht auf Übungen mit einem Clicker konzentrieren.

Nicht alle Hunde entwickeln sich gleich schnell. Ist der Welpe noch sehr jung, kann seine Aufmerksamkeitsspanne so kurz sein, dass eine Konditionierung auf den Clicker noch nicht möglich ist. Warten Sie mit dem Training, bis Ihr Hund gelernt hat, sich auf Ihre Person zu konzentrieren.

Zwischen Ihnen und dem Welpen ist noch keine Vertrauensbasis vorhanden? Da gilt es: Schaffen Sie zuerst eine liebevolle Bindung und Vertrauen. Die Bindung zwischen Ihnen und Ihrem Hund ist die Basis jedes weiteren Trainings.

Die Lebensphase des Hundes beachten

Die Entwicklung der Welpen verläuft in mehreren Phasen. In jeder einzelnen Phase ist eine andere Methode der Erziehung notwendig, um die französische Bulldogge optimal bei ihrer körperlichen und geistigen Entwicklung zu unterstützen.

Neonatale Phase

Die neonatale Phase erstreckt sich von der ersten bis in die zweite Lebenswoche. Nach der Geburt sind die Welpen noch blind und taub. Sie können den Kopf nicht richtig halten und nur nach vorne kriechen. Die einzigen Sinne, die gut funktionieren, sind der Wärmesinn und der Geruchssinn. Dadurch sind die Welpen in der Lage, die Zitzen der Mutterhündin zu finden und Milch zu saugen. In dieser Phase wird die Regulierung der Körpertemperatur der Welpen vollständig von der Mutter übernommen, die ihre Jungen wärmt. Die Welpen sind allerdings schon in der Lage, leichte Berührungen wahrzunehmen. Der erste Kontakt mit Menschen kann durch den Züchter bereits stattfinden.

Der Übergang

In der dritten Lebenswoche findet eine Übergangsphase statt. Die Welpen können sehen, hören und riechen. Sie nehmen ihre Umgebung bewusst wahr. Bei der Regulierung der eigenen Körpertemperatur sind die kleinen Hunde nicht mehr auf die Mutter angewiesen. Sie können schon die nähere Umgebung der Wurfkiste entdecken. Harn und Kot werden selbstständig abgesetzt.

Die Sozialisierung

Die dritte bis zwölfte Lebenswoche sind entscheidend für das weitere Leben des Welpen. Jetzt finden wichtige Sozialisierungsprozesse statt. Die Welpen entdecken mehr Dinge in ihrer Umwelt. Sie erproben ihre Kraft in Spielen mit den Geschwistern. Jetzt findet auch die Sozialisierung mit den Menschen statt. Wenn Sie die Möglichkeit dazu haben, sollten Sie Ihren Welpen bei dem Züchter besuchen.

Das vierte bis sechste Lebensmonat

Der Welpe wird immer selbstständiger. Er entwickelt einen eigenen Charakter und Vorlieben. Die Entwicklung des Gehirns ist aber noch lange nicht abgeschlossen. In dieser Phase legt der Welpe seine Stellung im Rudel fest. Daher sollte er in dieser Zeit ausreichend Kontakt mit anderen Welpen und auch erwachsenen Hunden, an denen er sich orientieren kann, haben. Der Bully hat seinen Rudelführer ausgesucht und seine Stellung innerhalb der Familie akzeptiert.

Die Pubertät

Diese Phase ist besonders schwierig für die französische Bulldogge. Im Körper laufen verschiedene hormonelle Umstellungen ab, die auch das Verhalten des Hundes verändern. Der Bully beginnt, erwachsen zu werden. Jetzt ist in der Erziehung vor allem liebevolle Konsequenz gefragt. Auf einmal erinnert sich Ihre französische Bulldogge nicht einmal mehr an die einfachsten Kommandos, die sie schon gut beherrscht hat. Geben Sie nicht nach, sondern arbeiten Sie konsequent weiter mit Ihrem Hund.

Die Reifung

Zwischen dem siebten und dem zwölften Lebensmonat wird Ihr Bully erwachsen. Seine geistige Entwicklung ist weitgehend abgeschlossen. Der Charakter ist fertig ausgebildet. Ihr Hund ist jetzt ein verlässlicher Freund, der an Ihrer Seite steht. Der Bully hat sich perfekt in den Familienverband eingefügt. Er weiß, welches Verhalten erwünscht ist und welche Handlungen er lieber unterlassen sollte. Trotzdem sollte er weiter spielerisch erzogen und gefördert werden. Schließlich gibt es ja das ganze Leben lang etwas Neues zu lernen.

Während der Pubertät und der Reifung sollte immer ein Tierarzt Training durchgeführt werden. Als Welpe geht der Bully noch unbefangen und neugierig in die Ordination des Tierarztes. Hat er während der in den folgenden Monaten stattfindenden Fremdelphase keinen Kontakt zu dem Tierarzt, kann bei der ersten Auffrischung der Grundimmunisierung der Besuch in der Ordination durch Stress belastet sein. Der Hund ist in der fremden Umgebung ängstlich und verunsichert. Einfacher ist es, wenn Sie in dieser Periode einen Besuchstermin vereinbaren. Der Bully kommt einfach in die Tierarztpraxis. Er wird auf den Untersuchungstisch gesetzt. Die Ohren werden spielerisch angeschaut, der Mund wird geöffnet. Der Bully lernt die Untersuchung mit einem Stethoskop kennen.

Ist zu einem späteren Zeitpunkt eine Untersuchung wegen einer Erkrankung notwendig, wird der Hund wesentlich gelassener auf die Untersuchung durch den Tierarzt reagieren. Eine vertrauensvolle Bindung zu seinem Menschen, der bei der Untersuchung anwesend ist, vermittelt dem Bully zusätzliche Sicherheit.

Der erwachsene Hund

Ab jetzt ist die Erziehung auf Spaß ausgelegt. Die Grundkommandos werden problemlos beherrscht. Ihr Bully ist jetzt bereit, Dinge zu lernen, die er nicht unbedingt für sein Leben benötigt. Er kann zum Beispiel mit einem Clickertraining lernen, auf einem Skateboard zu fahren, oder andere lustige Spiele gemeinsam mit seinen Menschen ausführen. In den nächsten Jahren ist der Hund vital und geistig fit.

Der Senior Hund

Langsam lassen die körperlichen und die geistigen Kräfte Ihrer französischen Bulldogge nach. Der Hund hört schlechter, auch die Sehkraft lässt langsam nach. Die Spiele und das Training müssen an das Alter und den gesundheitlichen Zustand des Hundes angepasst werden. Die Schlafphasen werden länger, Ihr Hund benötigt mehr Ruhe. Das Lernen dauert länger, obwohl der Bully immer noch neugierig und verspielt ist. Seien Sie geduldig und passen Sie Ihr Tempo an das Ihres Hundes an.

Erstaunliches aus der Welt der französischen Bulldoggen

Französische Bulldoggen haben mit ihrer drolligen und liebenswerten Art auf der ganzen Welt Fans gewonnen und die Herzen der Menschen erobert. Die intelligenten Tiere haben ihren Platz in der Geschichte erhalten und sind auch gerne gesehene Mitwirkende auf Filmsets.

Obwohl die französische Bulldogge ein sehr schlechter Schwimmer ist, konnte sich ein auf Titanic mitreisender Bully mit dem Namen Gamon de Pycombe nach dem Untergang des Schiffs retten. Die Bulldogge Thierry spielte im Film Titanic mit Leonardo di Caprio und Kate Winslet diesen Hund. Er war so liebenswert, dass er am Ende des Films vom Regisseur James Cameron behalten wurde. Auch Leonardo di Caprio konnte nicht widerstehen. Seit dem Abschluss der Dreharbeiten für den Film teilt eine französische Bulldogge sein Leben.

Mister Quiggly trat in mehreren Webespots auf und erhielt auch eine Rolle in den Filmen „Cats and Dogs“ und „Underdog“.

Viele Prominente besitzen eine französische Bulldogge. Dazu zählen Lady Gaga, David Beckham und Hugh Jackman. Auch als Social Media Stars sind französische

Bulldoggen bereits bekannt geworden. Die drolligen Hunde sind auf den Social Media-Kanälen sehr erfolgreich. Bekannte Bullys auf Instagram sind unter anderem:

@frenchiebutt mit 600.000 Followern

der Rüde Hamlet auf *@heyhamlet*, der Fotos gemeinsam mit Katzen einstellt

@missasiakinney die französische Bulldogge von Lady Gaga

@monsieur_izo eine blaue französische Bulldogge und

@oscarfrenchienyc, eine französische Bulldogge, die Hundemode auf Instagram vorstellt.

Wie Sie sehen, sind französische Bulldoggen in vielen Sparten berühmt geworden. Ihre Liebenswürdigkeit und Fröhlichkeit sind eben unschlagbar.

Schlusswort

Hiermit sind Sie am Ende des Buches angelangt. Sie haben nicht nur allgemeine Informationen über die Hunderasse und die Bedürfnisse der französischen Bulldogge erhalten. Viele Tipps ermöglichen es Ihnen, Ihrem Bully ein glückliches Hundeleben zu ermöglichen und den Hund tiergerecht und seinen Bedürfnissen entsprechen zu erziehen.

Probieren Sie die praktischen Tipps und Spiele gemeinsam mit Ihrer französischen Bulldogge doch einfach aus. Sie werden beide Spaß haben und einiges lernen.

Ich bedanke mich bei Ihnen dafür, dass Sie das Buch gekauft und gelesen haben. Ich hoffe, Sie hatten Spaß dabei. Jetzt bleibt mir nur noch, Ihnen ein schönes gemeinsames Leben mit Ihrer französischen Bulldogge zu wünschen. Sie haben den besten und loyalsten Freund der Welt an Ihrer Seite, der Sie niemals enttäuschen oder verlassen wird.

WirmachenDruck.de
Sie sparen, wir drucken!